Traité d'Harmonie

MIS à la portée DES

DAMES

Contenant

Les notions nécessaires à une bonne Pianiste, ou à une Elève
de Chant, pour faciliter la lecture de la Musique, apprendre
à préluder et à bien exécuter un morceau, tout en omettant
les règles de la composition

PAR

J. LÉOPOLD FUCHS

Traduit de l'Allemand

PAR

EUGÈNE MALAN

L'Enseignement peut être guidé par chaque Maître
de Piano ou de Chant

Propriété de l'Editeur   Prix: 5 f net

PARIS, chez A. LAVINÉE, Editeur de Musique,
46, Rue Notre-Dame-des-Victoires

C.M.

1855

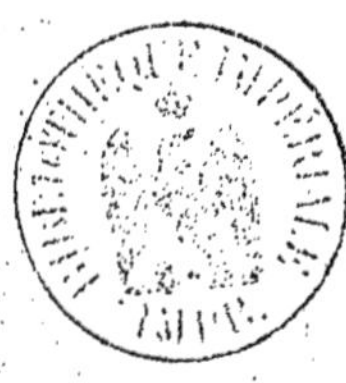

3

INTRODUCTION.

Nous remarquons avec étonnement que de nos jours le talent mu_
sical est beaucoup plus développé chez les jeunes personnes qu'autrefois.

Ce qui excite le plus notre admiration, c'est de rencontrer surtout
un grand nombre de pianistes, qui par de rapides progrès sont en état
d'exécuter des morceaux d'une grande étendue et souvent d'une extrême
difficulté.

Des demoiselles de dix à douze ans regardent aujourd'hui comme
insignifiante et beaucoup trop facile à executer telle ou telle composition
musicale, qui, il y a vingt ans, faisait l'admiration de tout le monde et
ne pouvait être reproduite que par des artistes de premier ordre. — El_
les étudient les morceaux modernes les plus difficiles et c'est avec une
patience admirable que plusieurs d'entr'elles parviennent à surmonter
toutes les difficultés qui se présentent, à un tel point que bien des
jeunes pianistes peuvent, sous le rapport de l'habilité d'execution, se
mettre au niveau d'un artiste quelconque.

Nous ne pouvons expliquer la raison de ces rapides progrès, qu'en
faisant l'observation que notre méthode d'enseignement est bien préfé_
rable à l'ancienne. Ce n'est pas tant par les ouvrages méthodiques, que
par le grand choix de morceaux utiles et progressifs écrits pour le pi_
ano, que le maître est en état d'adopter un système d'enseignement sui_
vi. Ces ouvrages ont formé quantité de bons maîtres et le nombre en
est, par conséquent, devenu bien plus grand qu'autrefois.

Quoique nous devions convenir que les jeunes demoiselles peuvent,
tout aussi bien qu'un artiste consommé, surmonter les difficultes mé_
caniques qui se présentent à l'éxécution d'un morceau de musique, il
leur manque cependant, à quelques exceptions près, beaucoup de con_
naissances musicales qui sont d'une nécessité absolue pour comprendre
le sens intime d'une composition. — Pour acquérir ces connaissances,
ce que plusieurs d'entr'elles désirent sans doute, il ne leur faut que de
courtes notions, qui leur evitent l'ennui de chercher péniblement dans
des ouvrages volumineux les explications nécessaires a ce sujet; nous

les engageons à ne pas se laisser entraîner à apprendre la composition, car si elles ne parviennent pas à un point très avancé, elles manquent complètement le but qu'elles se proposent; nous leur conseillons par conséquent d'abandonner au compositeur cette étude pénible.

Ce qui fait que l'on ne suppose pas aux dames beaucoup de connaissances musicales, c'est que l'on sait qu'elles doivent rencontrer de grands obstacles à l'étude de cet art. C'est ce qui explique que, lorsque nous entendons une pianiste ou une élève de chant exécuter un morceau de musique non seulement d'après les règles de l'art, mais encore avec expression, nous supposons de suite qu'un bon maître a donné son avis et qu'il a dirigé l'attention de l'élève sur tout ce qui pouvait contribuer à nous faire entendre ce morceau de musique exécuté à un tel degré de perfection.

On peut assurer presque avec certitude que chaque maître de piano ou de chant connait toutes les règles qui sont enseignées dans cet ouvrage, cette connaissance étant indispensable a la profession de son état. Si les dames veulent entreprendre cette étude, elles peuvent être assurées qu'elles seront amplement récompensées de leurs peines, car elles parviendront par la à la hauteur de l'artiste, qui, lors même qu'il serait en arrière sous le rapport de facilité mécanique, se trouve dans le fait très avancé par ces connaissances musicales et parcequ'il est à même de juger du sens intime d'un morceau de musique.

Tout ce qui est enseigné dans cet ouvrage, est aussi utile à l'élève de chant qu'à la pianiste. Il est vrai que le maître de chant donne ordinairement à ses élèves une idée des intervalles: mais notre ouvrage contient en outre la connaissance des accords. Ces accords sont d'une grande utilité surtout lorsque l'élève veut s'accompagner elle même.

Nous ne devons pas au reste énumérer tous les avantages qui résultent de l'étude des objets que l'on enseigne ici. L'expérience que l'on peut acquérir en peu de tems, le démontrera bien, car si les demoiselles, qui ont encore un maître de musique, veulent dans chaque leçon consacrer une demi-heure à cette étude, elle sera terminée dans quelques mois. Il est bien entendu que l'élève a eu de bonnes leçons preparatoires, ce petit ouvrage n'étant nullement destiné à des commençans.

CHAPITRE PREMIER

Des Intervalles.

Les touches du piano peuvent servir à donner une explication facile des intervalles. On appelle intervalle la distance qui sépare une touche d'une autre. La dénomination des intervalles varie selon la distance plus ou moins grande qui existe entre un ton et un autre. Le *demi-ton* est le plus petit intervalle en musique: par ex: d'ut à ut dièse; de l'ut dièse au ré il y a également un demi-ton; ces deux demi-tons réunis forment *un* ton. Nous trouvons un autre ton du ré au mi, composé de nouveau de deux demi-tons, ces deux tons étant séparés par le ré dièse. Du mi au fa il n'y a qu'un demi-ton, puisqu'il n'existe point de note entre les deux tons. — (On comprend facilement pourquoi le piano est accordé en demi-tons.)

Apprenons d'abord à connaître les intervalles qui composent une gamme majeure. Nous y trouvons

deux tons, un demi-ton, trois tons et un demi ton. — Cette gamme, composée de cinq *tons* et de deux *demi-tons*, s'appelle gamme *diatonique*; la gamme *chromatique* n'est composée que de demi tons

Comme dans toutes les gammes *majeures* les tons et les demi-tons doivent se succéder dans le même ordre que dans la gamme d'ut, il est évident qu'il faut faire usage des dièses et des bémols, si l'on veut former une autre gamme majeure que celle d'ut.

Ainsi dans la gamme de sol il faut hausser le fa d'un demi-ton, puisque l'intervalle entre le 7ème et le 8ème ton doit être d'un *demi-ton*. Il faut mettre *deux* dièses à la gamme de ré, vu les demi-tons entre le 3ème et le 4ème, le 7ème et le 8ème ton.

Dans la gamme de fa majeur, il faut baisser le quatrième ton d'un demi-ton, afin de former le demi-ton entre le 3ème et le 4ème ton. Ce qui précède, explique facilement pourquoi nous avons des gammes et des pièces de musique qui se marquent avec plusieurs dièses ou plusieurs bémols à la clef.

Nous devons apprendre à connaître les autres intervalles, avant de nous occuper de la composition des gammes *mineures*. Commençons pour plus de facilité par les plus grands intervalles et prenons *ut* comme première note. C'est de ce ton à tous les autres tons qui se trouvent dans la gamme d'ut, que nous comptons les intervalles. Nous appellerons donc une *seconde* le premier intervalle de l'exemple cidessous, parceque *ré* est le *second* ton à partir de l'ut; le second intervalle est une *tierce*, puisque *mi* est le *troisième* ton en comptant de l'ut &.

Si nous commençons par une autre première note, la dénomination des intervalles restera la même. — Voici un exemple ayant pour première note le *ré*.

Il est nécessaire de faire quelques exercices préliminaires, afin de se préparer à d'autres qui suivront et qui sont plus difficiles.

L'exercice se fait de la manière suivante: qu'on choisisse au hasard un ton et qu'on le considère comme première note d'une gamme majeure. Si le maître demande à l'élève un des intervalles qui se trouvent dans cette gamme, celle-ci devra le montrer sur le piano et le nommer à l'instant; à peu près comme il suit. (Il faut remarquer avant tout que les intervalles se comptent en montant, sauf quelques exceptions qui suivront plus tard.)

Question. Comment s'appelle la tierce ou quel ton est la tierce de mi? Comme il s'agit de la gamme de mi majeur, on répondra — sol dièse. (Il n'est pas encore question de la tierce mineure, de la quinte diminuée &.) Comment s'appelle la septième de mi, c'est-à-dire, le septième ton de la gamme de mi majeur?

Continuation. Nommez moi la quarte de fa? —— la seconde? —— la sixte? ——

Comment appelez-vous la tierce de mi bémol? — la quinte? —— la septième? —— Comment s'appelle la tierce d'ut dièse? — la sixte? —— &.

Le maître peut continuer ainsi ces exercices dans les différentes gammes majeures.

Nous devons maintenant nous familiariser avec les intervalles qui se
forment en haussant ou en baissant chaque ton de la gamme. Nous n'avons
pas besoin à la vérité de connaître quelques uns de ces intervalles : nous
n'en ferons usage que lorsqu'il s'agira de la composition des accords, mais
nous pensons néanmoins que c'est ici le véritable endroit de les exposer en
tableau pour en faciliter le coup d'œil.

On comprend par le mot *degré*, dont il sera question, chaque place
sur et *entre* les lignes, où l'on peut placer une note. Le premier ton d'où
nous partons pour compter les intervalles, est le *premier dégre*; celui qui
suit à un ton de distance, est placé sur le *second degré* &. Si l'on veut,
par exemple, compter par degrés les tons de la gamme d'ut majeur, *ut*
sera sur le premier degré, ré sur le second, et le 8ème sera l'octave.

Si, comme dans le tableau suivant, *ut* et *ut* sur *le même degré*, ne
se trouvent séparés par aucun espace, ces deux tons sont à *l'unisson*. Si
l'on hausse le second ut, en y mettant un dièse, ce qui a lieu par conséquent encore sur le même degré, on appelle cet intervalle *unisson augmenté*. — Si, au lieu de l'ut dièse, nous mettons ré bémol, ce ré bémol
est d'un *demi* degré plus élevé que l'ut (c. à. d. sur les lignes et non sur
le piano, où l'ut dièse et le ré bémol se jouent sur la même touche). On
appelle l'intervalle de l'ut au ré bémol une *seconde mineure*; celui qui
sépare l'ut du ré une *seconde majeure*, et enfin l'intervalle qui se trouve
entre l'ut et le ré dièse, s'appelle *seconde augmentée*.

On trouvera dans le tableau suivant, où nous avons pris *l'ut* pour
première note, tous les noms des intervalles qui se forment en haussant et
en baissant les tons. Nous les avons indiqués tous jusqu'au neuvième degré
(la neuvième) inclusivement, attendu que nous aurons plus tard besoin
de connaître ce degré pour la composition de quelques accords.

Tableau de tous les intervalles usités.

*) *Remarque*. On trouve dans les ouvrages de quelques auteurs au lieu de *quin-*

Dès que l'élève sera habitué à la dénomination des intervalles le maître indiquera au hasard sur le piano des intervalles, qu'elle devra lui nommer de suite et sans tableau. Cet exercice est encore plus utile lorsqu'on le fait par écrit.

Pour trouver promptement un intervalle haussé ou baissé, il faut d'abord le chercher dans la gamme diatonique *sans* le hausser ou le baisser, et ajouter ensuite *sur le même degré* le dièse ou le bémol nécessaire. Si l'on veut, par exemple, trouver la quinte *mineure* de mi bémol, et lui donner la dénomination qui lui est propre, il faut d'abord chercher la quinte *majeure* de si bémol, et y ajouter encore un bémol; ce double bémol forme la quinte *mineure* de mi bémol et nous l'avons baissé sur le même degré;

On trouve également de suite la quinte *augmentée* de mi bémol, si l'on hausse la quinte majeure par un bécarre; Ex:

Ou la sixte *augmentée* en haussant la sixte *majeure*.

Puisque les tons pour la formation des différens intervalles doivent

te *mineure*, quinte *diminuée* et au lieu de quinte *majeure*, quinte *parfaite* ou quinte *juste*. Ces dénominations sont fausses. Il n'entre pas dans le but de cet ouvrage d'expliquer ici en quoi consiste cette erreur.

se hausser et se baisser, il est évident, que nous devons employer des doubles dièses et des doubles bémols. Si nous voulons former la quinte *augmentée* d'ut dièse, nous écrirons sol double dièse, car la quinte majeure sol dièse doit se hausser d'un demi-ton; **Ex:**

Nous allons pour plus de facilité présenter encore quelques exemples, qui commenceront tous par une première note différente et qui contiendront les intervalles les plus difficiles formés en haussant ou en baissant un ton.

Première note *si bémol*:

Un exercice de cette nature doit se répéter à chaque leçon pendant quelque tems, en commençant toujours par une autre première note. En pratiquant cet exercice par écrit, l'œil s'habitue à ces intervalles, ce qui plus tard facilite infiniment la lecture de la musique.

Quoique nous n'employions pas encore les petits intervalles, nous sommes déjà parvenus par la connaissance des plus grands à distinguer au premier coup d'œil si un passage est écrit en gammes, en tierces ou en sixte. Souvent ces intervalles apparaissent mêlés dans les passages: ils se rencontrent en tierces ou en sixtes. Souvent aussi ils se trouvent en *mouvement contraire* dans les passages écrits en gammes, c'est-à-dire que, pendant qu'une main descend en commençant le passage par la note la plus élevée, l'autre fait en même tems le contraire, en commençant de la note la plus basse et en montant à la plus élevée.

Le petit exemple suivant, que l'on déchiffrera sans doute facilement, même sans la connaissance des intervalles, servira de guide par rapport à la marche des intervalles. La facilité qui en résulte dans le travail de l'élève, est d'un grand secours lorsqu'il s'agit de passages difficiles ou bien lorsqu'on veut apprendre un morceau par cœur.

Voici ce qu'il faut remarquer:

La première mesure et la seconde sont écrites en passage de gammes , en
montant et en descendant; la troisième et la quatrième sont en tierces; la
cinquième et la sixième en sixtes; la septième et la huitième sont en passages de gammes en mouvemens contraires; la neuvième et la dixième en tierces et en sixtes entremêlées; dans la onzième et la douzième la main droite
va en sixtes en montant et la main gauche en gammes en descendant.

L'exemple que nous venons de présenter, offre déjà des facilités pour
déchiffrer de la musique; la connaissance des accords et des notes des passages sera plus tard d'une bien plus grande utilité sous ce rapport.

Il nous reste encore à apprendre la suite des intervalles dans les gammes mineures.

On appelle *la* mineur la gamme *relative* d'ut majeur, n'ayant ni l'une
ni l'autre des accidens à la clef. Toutes les gammes majeures ont, de
même que l'ut, leurs gammes relatives. On trouve facilement la gamme
relative sur le piano en prenant la note qui se trouve à une tierce mineure
(c. à. d. à un ton et demi) au dessous de la gamme majeure, comme par
ex. de l'*ut* au *la*. La gamme relative de *sol* majeur sera par conséquent *mi*
mineur; en *ré* majeur ce sera *si* mineur &c.

Comme dans la mineur, ainsi que dans la gamme d'ut majeur, il n'y
a pas d'accidens, marqués à la clef, la gamme devrait être composée de
cette manière:

Cette suite d'intervalles étant trop dure pour l'oreille et opposée à nos sentimens, on a fixé la règle: que dans chaque gamme majeure ou mineure
l'intervalle du septième au huitieme ton ne doit être qu'un *demi*-ton; c'est
pourquoi l'on hausse le sol d'un demi ton; par ex:

Mais il en résulte un inconvénient, car le fa et le sol dièse forment une
seconde augmentée; et un semblable intervalle n'est pas usité *dans une*
gamme. C'est pourquoi il faut également hausser le sixième ton *fa*, d'un

demi ton; la gamme mineure usitée se compose par conséquent des intervalles qui suivent:

Nous trouvons dans cette gamme la même quantité de tons et demi-tons,
que dans la gamme majeure, avec la différence qu'ici le premier demi ton
est placé entre le second et le troisième ton. — Un autre changement,
qu'il est bon d'indiquer, c'est *qu'en descendant*, les gammes mineures ne
conservent pas les tons *haussés* et qu'elles se jouent simplement comme elles sont marquées à la clef. Comme nous n'avons pas d'accidens à la clef,
dans la gamme de la mineur, le fa dièse et le sol dièse, que nous avions en
montant, se transforment en fa bécarre et en sol bécarre en descendant; p.ex:

C'est dans cette succession d'intervalles que l'on joue ordinairement les
gammes mineures sur le piano, mais d'après les règles de la théorie, on
ne hausse *pas* le sixième ton et l'on conserve la seconde augmentée.

CHÁPITRE II.

De la composision des accords.

Si l'on réunit plusieurs tons en tierces et qu'on les joue en même tems
(sur le piano par exemple) ils forment une *harmonie* ou un *accord*. Les
trois tons, Nº 1, forment l'accord d'ut majeur; ceux du Nº 2, un accord
de la mineur; le Nº 3 est un accord de septième et le Nº 4 un accord de
neuvième.

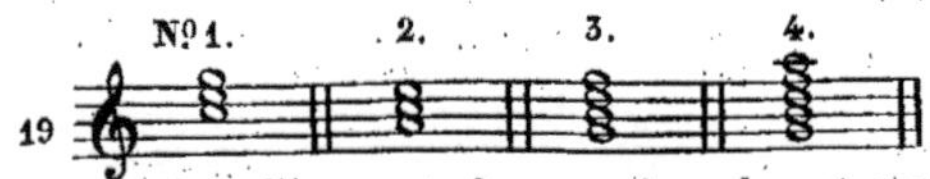

Que ceci serve à expliquer ce qu'on entend par le mot *accord*.

Nous ne devons pas seulement apprendre à connaître chaque accord sé-
parément, il faut aussi que nous sachions en tirer parti pour le but que nous
nous proposons.

L'accord suivant se compose du *ton fondamental* ou de la *basse fonda-mentale*)* (ici c'est le ton ut) d'une *tierce majeure* (le mi) et d'une *quinte majeure* (le sol). Cet accord en ut majeur s'appelle aussi *l'accord parfait*.

(Nous ne parlerons ici que des accords parfaits *majeur*). On peut composer un semblable accord sur chaque ton de la gamme ou sur chaque touche du piano, en prenant le premier ton comme ton fondamental, et en y ajoutant une tierce majeure et une quinte majeure. Voici un exemple où les accords parfaits *ut majeur, ré bémol majeur, ré majeur* et *mi bémol majeur* se succèdent:

Chaque ton de la gamme pouvant devenir le ton fondamental d'une har-monie différente, fait que nous nous trouvons avoir les différens *modes*.

Comme il est bon d'apprendre tout seul à connaître les accords parfaits, nous adresserons comme exercice les questions suivantes:

De quels tons ou de quels intervalles se compose l'accord parfait de fa majeur? Celui de la majeur? —

De la bémol majeur? — mi majeur? — si bémol majeur? &

Les tons qui se trouvent dans l'accord parfait, peuvent, si l'on veut renforcer l'accord, être doublés ou triplés, c. à d. que l'on peut les jouer en même tems sur différens octaves. — Remarquons que, quelle que soit la distribution des intervalles, elle s'opère en position *large*, c'est-à-dire à une grande distance les uns des autres, ou bien on double un ton comme on le pratique souvent; l'accord n'en restera pas moins un accord parfait, dès que la note fondamentale sera la plus basse.

Donnons ici quelques exemples d'accords parfaits, en position large ou en redoublant les tons. (On appelle position *serrée* lorsque les intervalles se trouvent à peu de distance les uns des autres.) par ex: l'accord parfait d'ut majeur:

---

*) Le ton, sur lequel on forme un accord en plaçant une tierce sur l'autre se nomme ton fondamental ou basse fondamentale.

Ou en accords brisés:

L'accord parfait *mineur* se compose de la *note fondamentale*, de la *tierce mineure*, et de la *quinte majeure*. On ne distingue, par conséquent, l'accord parfait mineur du majeur que par la tierce *mineure*. C'est pourquoi l'on peut, en prenant la tierce mineure mi bémol, changer immédiatement l'accord parfait d'ut majeur en ut mineur; l'accord parfait de ré mineur par le changement de la tierce mineure fa: par ex:

Nous avons voulu montrer par ce qui précède, comment en changeant la tierce, l'on forme l'accord parfait mineur. Il est bon d'accoutumer l'élève à composer elle même les accords parfaits mineurs *relatifs* aux accords parfaits majeurs, dès que le maître les lui dictera. Nous avons déjà expliqué précédemment de quelle manière se forme une gamme relative mineure.

Exercice.

Comment compose-t'on l'accord de la gamme relative d'ut majeur? —— L'élève doit pour toute reponse jouer

sans entrer dans aucune explication des intervalles. —— De quoi se compose les accords des gammes relatives de sol majeur? —— de ré majeur? — de fa majeur? — de la majeur? — de mi bémol majeur? —— de mi majeur? — de si bémol majeur? &

Il faudra néanmoins passer sous silence quelques gammes mineures peu usitées: par ex: *la dièse* mineur, que l'on remplace par *si bémol* mineur, et *ré dièse* mineur, remplacé par *mi bémol* mineur

Du renversement des accords.

Les accords ne se présentent pas toujours réunis par tierces, comme on a pu le voir par les exemples précédens, où le ton le plus bas est le *ton fondamental* ou la *basse fondamentale*. On peut également transposer ce ton fondamental à une octave plus élevée, de manière qu'un autre ton devienne le ton le plus bas de l'accord. C'est par cette transposition des tons que l'on forme un *renversement* de l'accord.

On peut par exemple faire deux renversemens a l'accord d'ut majeur. Ces renversemens peuvent s'opérer dans tous les tons.

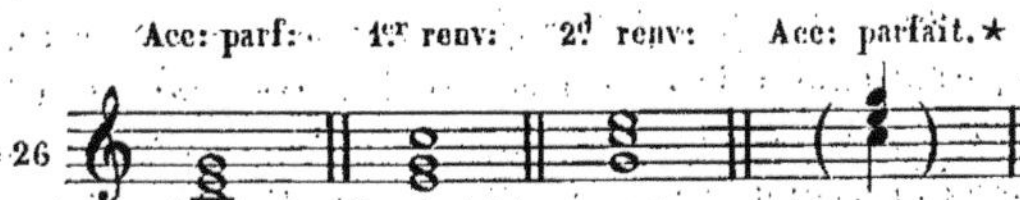

(Si l'on hausse d'une octave le sol, le ton le plus bas du second renversement, l'accord se reproduira dans sa première position. Voyez accord parfait.*)

Il est à remarquer, que dans les deux renversemens l'*ut* reste toujours le ton *fondamental*, car quoique le mi (la tierce) du premier renversement soit le ton *le plus bas* ou le ton *de la basse*, il n'en est pas le *ton fondamental* ou la *basse fondamentale*; la quinte du second renversement, le sol, ne sera également que le *ton de la basse*.

Ces renversemens ont différens noms, qu'il faut connaître. Le premier renversement s'appelle *accord de sixte*, le second *accord de quarte et sixte*.

On peut renverser de la même manière l'accord parfait mineur.

Dans cet exemple la note fondamentale est toujours *la*. Les dénominations des renversemens restent les mêmes.

Nous expliquerons plus tard pourquoi il est indispensable de connaître les renversemens des accords, ainsi que la raison qui les fait employer.

Le maître devra faire indiquer sur le piano dans les tons majeurs et mineurs les différens accords parfaits avec leurs renversemens, à peu près de cette manière:

Comment forme-t-on les renversemens de l'accord parfait de sol majeur? — L'élève commencera par l'accord parfait de sol majeur et pour former les renversemens, elle haussera deux fois le ton le plus bas d'une octave, par ex:

28

La question est la même relativement à un accord mineur; par exem: quels sont les renversemens de mi mineur?

29

Après que le maître aura fait faire suffisamment cet exercice en plusieurs tons majeurs et mineurs, il sera convenable de poser la question différement; p: exemple. —————— Comment prend-t-on l'accord de sixte d'ut mineur? ou de quoi se compose-t-il? — Quel est l'accord de quarte et sixte de fa dièse mineur? — L'accord de sixte de la bémol majeur? — L'accord de sixte de si majeur? — L'accord de quarte et sixte de fa mineur? &

De la manière de chiffrer la basse.

Donnons ici une courte explication de la manière d'indiquer par des chiffres, placés *audessus* ou *audessous* de la basse, l'harmonie ou les différens accords, au lieu des notes. Si nous en faisons mention, c'est que, non seulement nous nous servirons plus tard de ce moyen pour indiquer promptement un accord ou que nous l'employerons pour les exercices à faire, mais aussi parce qu'il arrive souvent qu'une pianiste ait à accompagner une partie de chant ou qu'une élève pour le chant veuille accompagner elle-même ses exercices (solfèges) et ou la succession des accords se trouve indiquée par une basse chiffrée. Expliquons d'abord comment on chiffre un accord parfait, et ses deux renversemens.

On reconnait l'accord parfait en ce qu'il n'est surmonté *d'aucun* chiffre. Un 6, placé audessus d'une note, signifie accord de sixte*); $\frac{6}{4}$ un accord de quarte et sixte. Les chiffres placés sur l'exemple suivant indiqueront par conséquent, qu'il s'agit de l'accord parfait d'ut majeur et de ses deux renversemens:

30

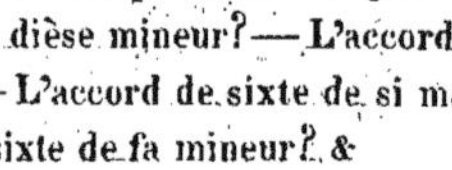

—————————

*). La quinte (de la basse fondamentale) le sol, ne s'indique par aucun chiffre, l'accord devrait dans ce cas se chiffrer: $\frac{6}{5}$.

et dans cet exemple de l'accord de la mineur:

Il faut cependant faire attention aux accidens qui se trouvent marqués à la clef. Si nous trouvons par ex: trois bémols maqués à la clef, les mêmes chiffres indiquent l'accord d'ut mineur et ses renversemens.

Mettons quatre bémols à la clef, et les chiffres indiqueront l'accord de la bémol majeur:

Si, pour altérer les intervalles, on a besoin d'employer un accident qui ne se trouve pas marqué à la clef, cet accident précède le chiffre et s'indique de la même manière que s'il précédait une note; ex: ♭6, ♯6, ♯4, ♮4.

Un petit trait remplace toujours le dièse; par ex: 6, 4.

Lorsqu'on veut hausser ou baisser la tierce d'un accord parfait (au-dessus duquel on ne met point de chiffre) on indiquera ce changement par un 3, surmonté de l'accident nécessaire. Les chiffres du premier exemple suivant signifieront, qu'il s'agit d'abord de l'accord d'ut majeur, d'ut mineur, et de rechef d'ut majeur. Ceux du second indiqueront d'abord ré mineur et puis ré majeur:

La petite ligne tracée après les chiffres dans l'exemple suivant indique, tant que s'étend cette ligne l'accord, indiqué par le chiffre, continue à être le même. L'exemple *a* s'exécutera par conséquent de la même manière que l'exemple *b*:

Nous avons en attendant suffissamment parlé de la manière de chiffrer.

Ou peut ainsi, qu'on l'a pratiqué pour les accords parfaits, disposer ou doubler à volonté les tons qui se trouvent audessus des accords de sixte et de quarte sixte:

Les accords doublés de cette manière obtiennent un tout autre aspect que les renversemens précédens, qui ne se composaient que de trois tons, et cependant les trois premiers ne sont que des accords de sixte d'ut majeur, parceque le ton le plus bas est la tierce du ton fondamental. Au quatrième accord le ton le plus bas est la quinte du ton fondamental.

On verra par l'exemple suivant que l'on acquiert beaucoup de facilité pour lire la musique, lorsqu'on peut se rendre compte de l'accord et de la gamme dans lequel il est écrit. C'est surtout dans les accords brisés, que l'on remarquera, après avoir fait quelques exercices, que les doigts se placeront involontairement sur les touches à jouer, dès que l'on connaîtra l'accord qu'il faut prendre.

L'explication à donner à l'exemple suivant se fait de cette manière:

première mesure — accord parfait de sol majeur; 2de mesure — accord de sixte de sol majeur; 3me mesure — accord parfait de ré majeur; 4me mesure — accord de quarte et sixte de sol majeur &. C'est à l'élève à donner au maître les explications qui concernent cet exemple.

(La dénomination de ces accords paraît fort longue sur le papier, si l'on réfléchit à la rapidité du passage; il faut néaumoins se rappeler, que la pensée est bien plus rapide que l'éxécution des doigts.)

Lorsque les intervalles d'un accord sont placés à une grande distance les uns des autres, cet accord devient plus difficile à reconnaître. Il faut dans ce cas supposer ces intervalles dans une position serrée. C'est un essai que l'on peut faire en commençant par la 9me mesure de l'exemple précédent.

Apprenons à éxécuter sur le piano d'après l'exemple suivant, les accords parfaits majeurs et mineurs et leurs renversemens dans les différens tons, d'après une basse chiffrée.

L'éxécution de cette succession d'accords, indiquée par des chiffres

se fera à peu près de la manière suivante:

L'exemple suivant peut servir d'exercice. En l'éxécutant il se glissera sans doute quelques erreurs contre les règles de la marche des intervalles; ces règles n'ayant point été enseignées; ces petites imperfections sont de peu d'importance, car on n'a d'autre but ici que de faire jouer avec justesse les accords indiqués par des chiffres. Les intervalles peuvent être doublés à volonté; il est même bon de prendre les accords aussi complets que possible.

Il faudra préalablement rappeler à la mémoire de l'élève les règles de la manière de chiffrer; lui faire observer en outre, qu'à l'accord de sixte la note fondamentale de l'accord se trouve à une tierce majeure au dessous lorsqu'on est dans un mode majeur; que la distance n'est que d'une tierce mineure dans un mode mineur; que dans l'accord de quarte et sixte la note fondamentale se trouve à deux tierces plus bas.

Exercice.

Avant d'essayer un semblable exercice en mineur, apprenons à connaître un autre accord, et nommément un troisième accord parfait.

Prêtons la plus grande attention à cet accord, afin de bien apprendre à le connaître, car on l'emploie presque dans chaque petit prélude, fait dans un mode mineur.

Cet accord se forme en plaçant l'accord parfait sur la septième note d'une gamme majeure ou sur la seconde d'une gamme mineure, il se compose d'une tierce mineure et d'une quinte mineure. On l'appelle accord parfait *diminué*; p. ex:

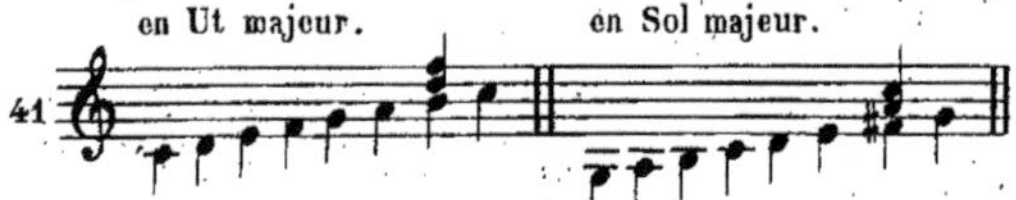

Ainsi que les deux autres accords parfaits, celui ci a ses renversemens:

Si est la note fondamentale, elle reste la même dans les renversemens. Il est à remarquer que cet accord n'indique ni un mode majeur, ni un mineur et qu'il ne s'emploie qu'à l'enchaînement d'autres accords.

Le maître fera composer sur d'autres tons l'accord qui se trouve marqué ici sur la septième note de la gamme d'ut majeur.

S'il demande par exemple, comment compose-t-on l'accord parfait diminué avec ses renversemens sur la gamme de *sol majeur*, on repondra de la manière suivante:

On adressera encore quelques questions semblables relativement aux autres tons, comme p: ex: ceux de *ré majeur, la majeur, fa majeur* &

Donnons quelques exemples sur la manière dont on emploie ordinairement cet accord à la fin d'une phrase musicale. Afin de le reconnaître plus facilement, nous le marquerons d'une croix (+).

Comme il est plus agréable à l'oreille quand il est pris dans son premier renversement, ou l'emploie ordinairement de la manière suivante:

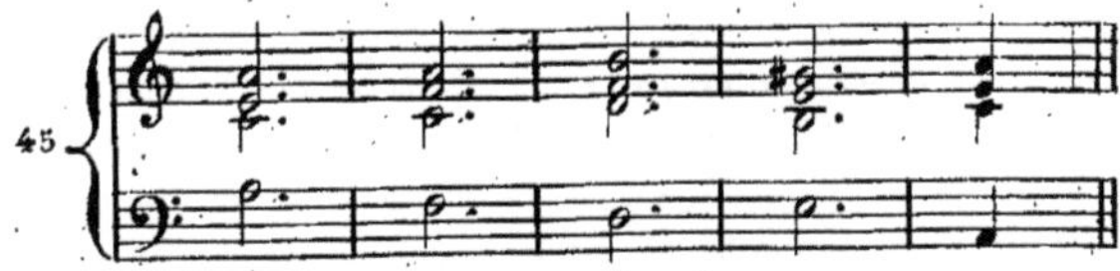

On peut comme exercice, relatif à cet accord, transposer cette petite phrase dans quelques autres tons mineurs; par exemple en *mi* mineur:

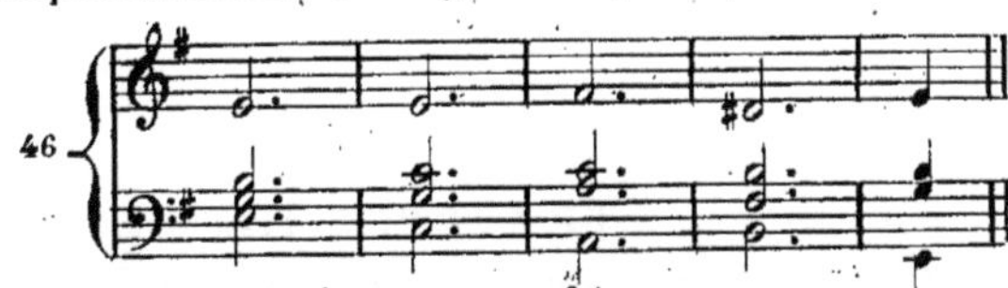

en *si* mineur:

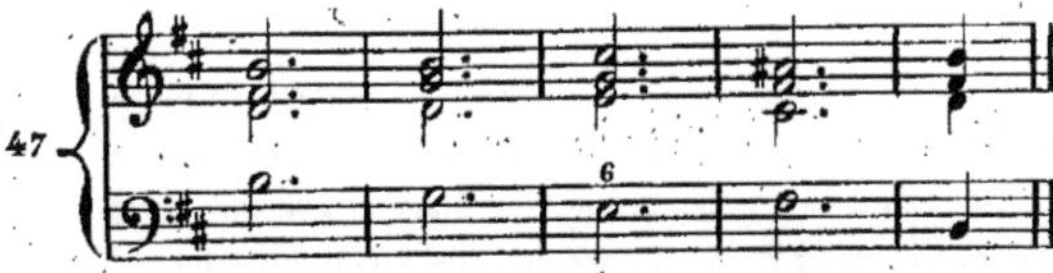

Nous n'avons marqué que la partie haute et la basse, dans l'exemple suivant: c'est l'élève qui doit indiquer les autres tons nécessaires.

Exemple en *ré* mineur:

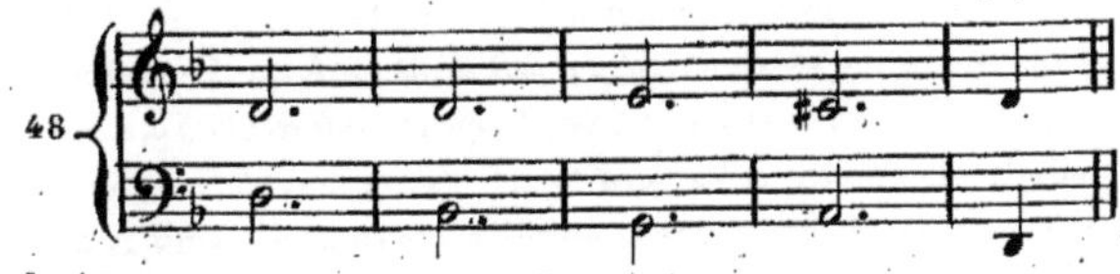

en *sol* mineur:

Il reste à essayer si l'élève pourra trouver d'elle même cette succession d'accords en *ut mineur* — *fa mineur* — *fa dièse mineur.*

Il est cependant nécessaire de faire observer préalablement la marche de

la basse, car elle sert de point d'appui pour calculer les tons qui se succèdent. On a donc à observer: à la première mesure — quel ton mineur on veut
prendre; à la seconde mesure — que l'accord parfait majeur se trouve à une
tierce majeure plus bas; pour la 3ème mesure — que l'accord de sixte de
l'accord parfait diminué, est placé à une tierce mineure audessous ; pour
la 4ème mesure — qu'à un ton plus haut se trouve l'accord parfait majeur
et que la fin s'opère dans le même ton mineur dans lequel on a commencé.

D'après cette explication l'élève pourra peut-être déjà composer d'elle
même les exemples précédens.

CHAPITRE III.
De l'application des accords parfaits et de leurs renversemens.

Essayons d'utiliser ces trois accords parfaits et leurs renversemens, malgré le peu de ressource qu'ils offrent à la composition d'un petit prélude.

Nous devrons d'abord nous familiariser avec des termes, usités pour dé-
signer, quelques accords dans une succession d'harmonie. Ces termes se
reproduisant souvent par la suite, nous ne saurions trop recommander d'y
prêter la plus grande attention.

Si un prélude (ou une pièce de musique) est, par exemple, écrit en ut
majeur ou en ut mineur, on appelle le ton ut — la *tonique* et l'accord parfait
formé sur ce ton — *l'accord parfait de la tonique*. La quinte supérieure
d'ut (ou ce qui revient au même, la quarte inférieure) c.à.d. le sol, s'appelle la *dominante* et l'accord parfait sur ce ton, *l'accord de la dominante*.
On appelle *sous-dominante* la quinte majeure placée *sous* la tonique, c.à.d.
le *fa*, et l'accord composé sur ce ton se nomme accord parfait de la *sous-domin:*

Nous citerons ces accords parfaits, par abréviation, d'après la note fondamentale de chacun. Nous dirons donc aulieu de l'accord parfait de la tonique simplement — la *tonique*, et ainsi de suite pour les autres termes usités;
par exemple.

Si nous voyons un prélude ou un morceau de musique écrit en sol majeur,
ce ton est la tonique; ré majeur est la dominante et ut majeur la sous-dominante:

Questions à poser: Quel est l'accord dominant de *ré majeur?* — L'accord sous-dominant? & ; il reste à faire cet exercice dans plusieurs tons.

Comme on doit choisir soi-même la succession d'harmonie qui doit se
trouver dans un prélude, il est nécessaire de savoir quelles harmonies ou
quels tons peuvent se succéder d'une manière agréable à l'oreille. Il y a
des successions d'harmonies, qui flattent agréablement l'oreille et d'autres,
qui par contre sont en opposition avec notre sentiment musical. La dominante et la sous-dominante, voilà l'harmonie la plus naturelle qui puisse suivre la
tonique:

On remarquera dans cette succession d'harmonie, que le *ton* ou *basse fondamentale* marche par quintes ou par quartes. Lorsque la marche de la basse
s'opère en si grands intervalles, la succession de l'harmonie est généralement
bonne et naturelle.

La marche de la basse fondamentale est également bonne lorsqu'elle a
lieu en tierces majeures ou mineures *en descendant*, comme dans l'exemple
suivant, où après *ut majeur* il est bon de faire suivre *la mineur*, et après
ce dernier ton *fa majeur*, qui se combine bien avec *ré mineur*. Si nous faisons suivre *sol majeur* après le *ré mineur*, une cadence parfaite à la tonique
sera le résultat de cet accord de la dominante. (Voyez l'explication détaillée
de la cadence chap: 6. ex: 199 et suiv:.)

Choisissons les accords parfaits suivans pour composer un petit prélude:

Nous doublerons un ton et nommément le ton fondamental à chaque accord parfait.

Il résultera quatre différentes parties. La partie la plus élevée s'appelle *partie supérieure* et puis suivent la 2ème et la 3ème; la 4ème partie, la plus basse, s'appelle *la basse*.

Il est facile d'exécuter sur le piano une composition à 4 parties. Sur d'autres instrumens quatre personnes seraient indispensables pour le faire.

Comme on double un ton dans les accords parfait, que nous venons d'indiquer (N⁰. 54,) ces accords se jouent à quatre parties.

Si on les faisait succéder dans cette position:

il en résulterait une succession peu mélodieuse, car les trois parties supérieures sauteraient en grands intervalles en montant et en descendant. Il est donc de règle, que les tons de chaque accord doivent être distribués de telle sorte, qu'ils se succèdent, s'il est possible, en petits intervalles, ce qui fait que la partie supérieure reçoit successivement le ton fondamental, la tierce et la quinte de l'accord.

Voici la même succession d'accords avec une meilleure marche d'intervalles:

Reproduisons le même exemple en accords brisés:

Dans ce prélude le ton fondamental se trouve chaque fois dans la basse.

Conservons la même succession d'accords, en utilisant toutefois les renversemens de quelques accords. Les accords de la basse en deviendront plus mé-
lodieux. C'est la véritable cause qui nous fait employer les accords dans
leurs renversemens.

Dans l'exemple suivant le second accord, celui de sol majeur, est employé au second renversement et le troisième accord est au premier renversement. Les harmonies fondamentales restent les mêmes que précédemment:

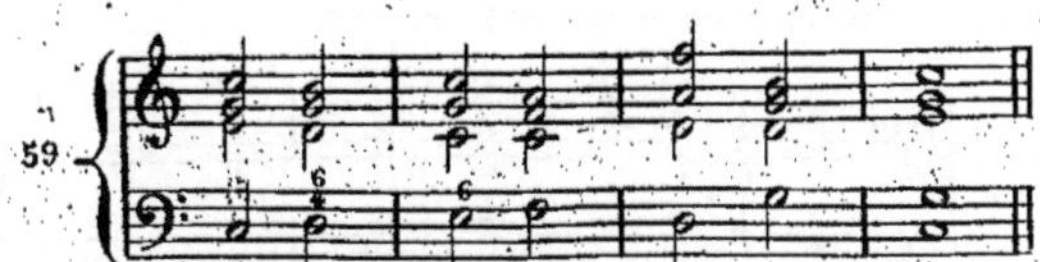

Le même exemple avec d'autres renversemens:

A l'avant dernier accord, marqué d'une +, les deux traits adaptés à la note

indiquent que *deux parties*, la troisième et la basse, se rencontrent sur la
même note.

Si un prélude ou un morceau de musique est écrit en mineur, par ex: en
la mineur, la mineur est le ton principal ou la tonique; mi mineur est la dominante et ré mineur la sous-dominante.

Nous devons faire une petite remarque relativement à la dominante d'un
ton mineur. Nous disons, il est vrai, que mi mineur est la dominante de la mineur: ceci n'a lieu qu'à une seule condition. S'il doit par ex: se faire *une modulation* à la dominante de la mineur, c'est-à-dire si l'on veut rester plus long-
tems dans la dominante, cette modulation doit s'opérer en mi *mineur*. Par
contre, tant que *la mineur* ne paraît qu'*alternativement*, avec la dominante,
celle-ci doit être mi *majeur*.

L'exemple suivant sert d'explication à ce que nous venons d'avancer.

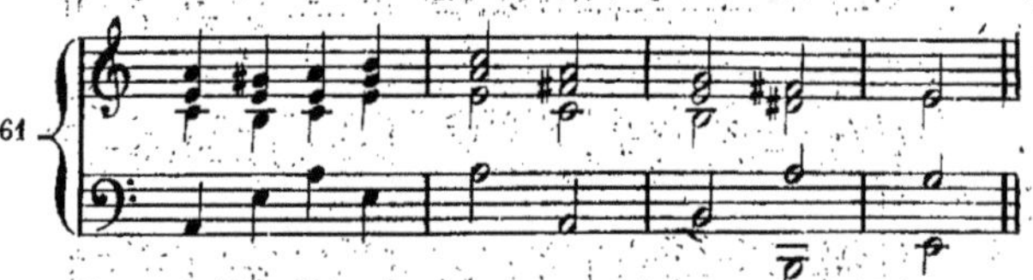

Jusqu'à la seconde mesure *la mineur* est employé *alternativement* avec la
dominante mi *majeur*; de là nous trouvons une *modulation* à la dominante de
mi *mineur*. (On comprend que la modulation est en mi mineur, puisque la
dominante de ce ton, *si majeur*, précède cet accord.)

Voici le même exemple en ré mineur. Fa *majeur* est la dominante *alternative*, et la modulation se fait en la *mineur*.

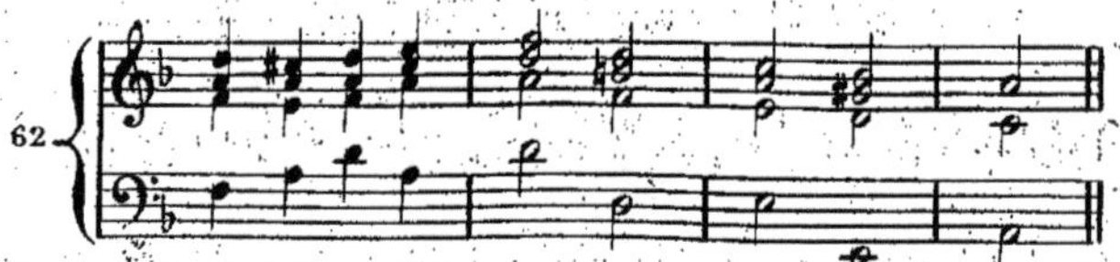

Prenons que dorénavant sous la dénomination de dominante d'un mode mineur,
il doit toujours être question de la dominante *alternative* qui s'opère en majeur. Quant à la sous-dominante, elle forme pour sûr un accord parfait *mineur*; p:
ex: de *la mineur*, ré *mineur*; de *mi mineur*, la *mineur*; de ré mineur, sol *mineur* &

Dans l'exemple suivant il y a un changement de la tonique (sol mineur)
avec la dominante et la sous dominante.

Choisissons pour composer un petit prélude une succession d'accords toute simple en *la mineur*, principalement dans le but d'apprendre à le transposer dans un autre ton mineur:

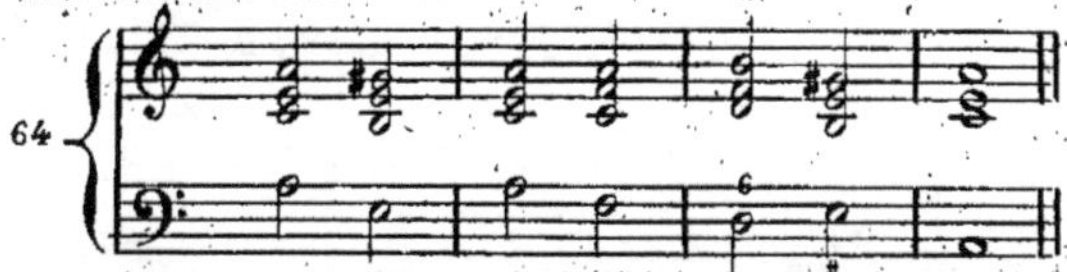

La même succession d'accords avec deux renversemens:

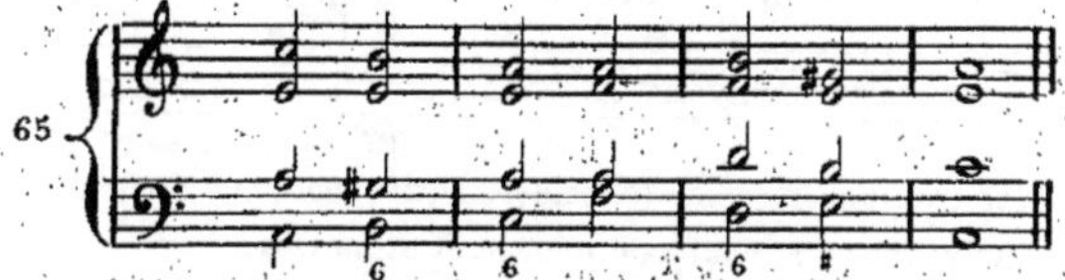

Le même exemple avec *un* renversement et en accords brisés:

Le même exemple transposé en mi mineur:

Avec les renversemens:

L'élève transposera de cette manière l'exemple que nous venons de donner, en si mineur, ré mineur, sol mineur et ut mineur.

On n'exécute pas ordinairement un semblable prélude dans les tons élevés ou graves, mais bien, sur les tons au milieu du piano. Nous marquerons ici la position du premier accord, dans les quatre tons mineurs, dans lesquels nous devons transposer le prélude.

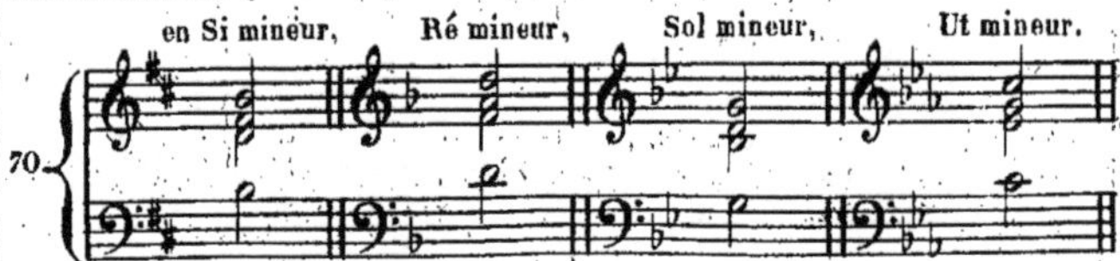

Il nous reste à connaître les moyens que l'on emploie, pour produire, en jouant un prélude, un changement plus fréquent d'harmonie. Ils nous serviront en même tems à composer un prélude dans chaque ton majeur et mineur.

C'est un point principal que celui, que nous abordons; car préluder signifie composer à l'instant ou improviser une petite phrase musicale. Il ne faut à la vérité pour exécuter cette petite composition, basée uniquement sur le changement d'harmonie, que la connaissance des harmonies ou des tons qui peuvent se succéder sans inconvénient.

Nous avons déjà expliqué précédemment qu'après *ut majeur*, la dominante *sol majeur* et la sous-dominante *fa*, ainsi que *la mineur* pouvaient se succéder d'une manière bonne et naturelle. On appelle ces tons — *les tons relatifs d'ut majeur*. Comme les tons de *ré mineur* et *mi mineur* se trouvent également être des tons relatifs *d'ut majeur*, il est bon d'indiquer une règle d'après laquelle on puisse reconnaître aisément les tons relatifs de chaque gamme majeure ou mineure, ces tons relatifs étant suffisans pour composer un petit prélude dans un ton quelconque.

Si nous voulons trouver p. ex. les tons relatifs *d'ut majeur*, il faut former un accord parfait sur chaque ton de la gamme *ascendante*:

Les accords parfaits indiqués par des simples noires sont les tons relatifs d'ut majeur, nommément: (comme nous l'avons expliqué précédemment) ré mineur, mi mineur, fa majeur, sol majeur et la mineur; nous trouvons sur le septième ton l'accord parfait diminué, qui, comme on le sait, n'indique pas de mode.

On procède de cette manière pour toute autre gamme majeure.

Les tons relatifs de la gamme de *la mineur* sont les mêmes que ceux de la gamme d'ut majeur: on peut s'en assurer en jouant la gamme en accords parfaits *en descendant*; p. ex:

Il faut nécessairement, dans les changemens d'harmonie ne se servir que des tons relatifs dans un prélude de peu d'étendue. Chacun de ces tons sera néanmoins employé avec sa dominante; on se trouverait sans cela trop à l'étroit.

Chaque ton relatif de l'exemple suivant se trouve marqué d'une + et l'accord de sixte qui précède immédiatement en est la dominante:

Prenons comme exercice la même succession d'accords, en accords brisés, de cette manière:

Question à poser: Quels sont les tons relatifs de sol majeur? On procédera de la même manière que précédemment sur les six tons qui se succèdent dans la gamme de sol majeur. Il faut néanmoins faire attention aux accidens indiqués à la clef, lorsqu'on composera les accords parfaits. Le *fa* ne doit se rencontrer dans aucun de ces accords parfaits, c'est pourquoi les tons de l'accord composés sur le ton *si*, seront *si, ré, fa dièse* et *la.*

Les tons relatifs de *mi mineur* sont les mêmes que ceux de *sol majeur.* Le prélude précédent se trouve transposé ici en sol majeur:

On peut le continuer de cette manière en accords brisés:

Il faudra comme exercice faire transposer cet exemple dans quelques autres tons majeurs. Si l'élève est un peu habituée à écrire des notes, il sera bon de lui faire faire ce travail par écrit.

Si l'on n'a pas fait usage de tous les tons relatifs dans l'exemple de *la mineur* qui va suivre, c'est parcequ'on a dû employer plusieurs autres tons *mineurs,* afin de bien faire sentir le *mode* mineur:

On doit dans cet exercice faire attention à l'accord de $\frac{6}{4}$ de la tonique, marqué dans l'avant-dernière mesure.

On emploie souvent cet accord à la fin d'une phrase, parcequ'on obtient par là une cadence parfaite, que ce soit en majeur ou en mineur.

Les phrases finales usitées, qui vont suivre, se basent sur cette succession d'accords:

Comme on fait souvent usage de ces accords pour indiquer immédiatement le ton dans lequel on veut exécuter un morceau de musique, il serait bon de les faire transposer sur le piano dans différens tons majeurs et mineurs.

Il est également nécessaire de faire transposer en d'autres tons le précédent prélude en la mineur (N? 77). Le voici en mi mineur:

On peut l'exécuter de la manière suivante en accords brisés:

De l'accord parfait avec la quinte augmentée.

En haussant la quinte d'un accord parfait majeur d'un demi-ton, cet accord prend une si singulière tournure, surtout dans les accords brisés, qu'il fait naître des difficultés à la lecture de la musique.

On a, dans l'exemple suivant, haussé toutes les fois la quinte au second accord, ainsi que dans les renversemens. Il faut également remarquer de quelle manière on indique la quinte augmentée par des chiffres. (Comme au second renversement *la quinte augmentée* se trouve dans la partie la plus basse, il n'est pas nécessaire de la distinguer par un accident marqué aux chiffres.)

Quinte augmentée dans l'accord parfait de *sol majeur:*

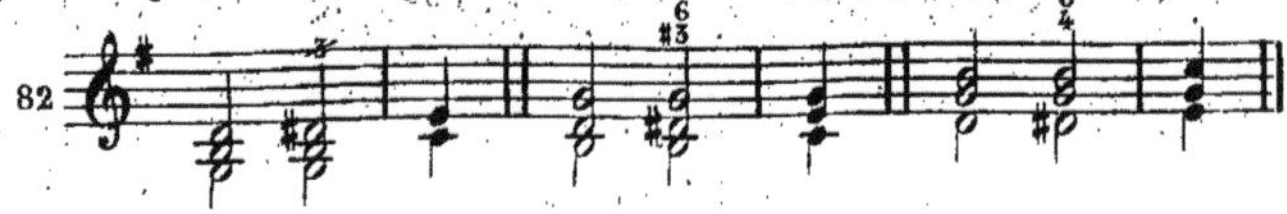

Le même accord en mi bémol majeur:

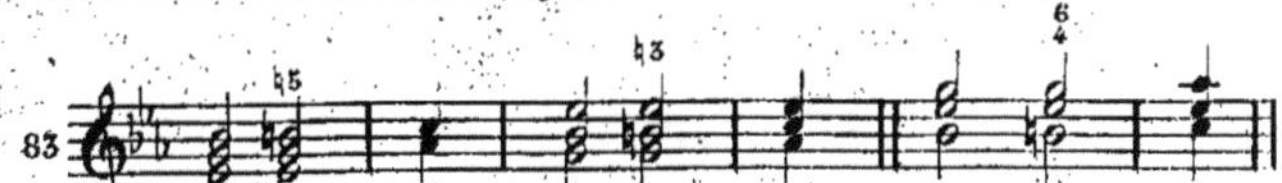

L'élève devra exécuter ces deux exemples d'après la basse chiffrée:

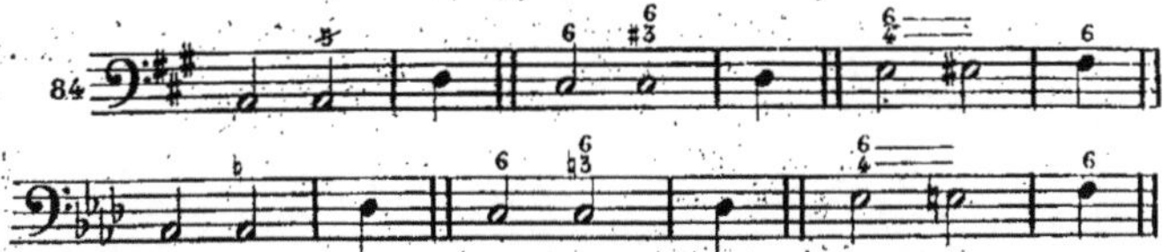

Donnons quelques exemples de la manière dont la quinte augmentée se présente en accords brisés. Le maître se fera indiquer dans quelles mesures la quinte est augmentée.

86
87
Moderato

CHAPITRE. IV.

De l'accord de septième.

Cet accord nous fournit de grandes ressources pour le but que nous nous proposons d'atteindre.

L'accord de la septième est celui que l'on emploie le plus souvent dans chaque morceau de musique. Cet accord est bien plus difficile à reconnaître dans ses renversemens, car il se compose de *quatre* tons différens. C'est ce qui fait naître des passages tout particuliers, passages, que l'œil n'embrasse pas si facilement surtout dans les accords brisés. Ajoutons encore à cela que l'accord de la septième peut se présenter sous *quatre différens* aspects, c.à.d. composé toutes les fois par d'autres intervalles.

Ces quatre accords de la septième se forment de la manière suivante : le premier, lorsqu'on ajoute une septième *mineure* à l'accord parfait dominant sur le cinquième dégré d'une gamme majeure; p. ex. celle d'ut majeur. (Voyez l'exemple suivant Nº 1.) On appelle cet accord *accord de septième domi-nante* ou plus simplement „*accord dominant* d'ut majeur." Le second (Voy: Nº 2.) se compose de l'accord parfait *mineur* et de la septième *mineure.* Le troisième (Voy: Nº 3.) est formé de l'accord parfait *diminué* avec la septième *mineure* et le quatrième (Voy: Nº 4.) se compose de l'accord parfait *majeur* et de la septième *majeure*.

L'accord N.º 4 employé sans préparation est dur à l'oreille; il n'entre pas dans notre sujet d'expliquer par quels moyens on peut obvier à cet effet désagréable. C'est au compositeur à voir comment l'employer, en suivant les règles de la composition.

Pour pouvoir connaître ces accords dans d'autres tons, il faut les composer dans différentes gammes. Voici un exemple dans la gamme de *sol majeur*. L'élève trouvera facilement ceux qui sont écrits dans les tons les plus usités.

On reconnaîtra de suite d'après l'exemple que nous venons de donner, les accords brisés de septième qui se trouvent dans celui-ci:

Cet accord se composant de *quatre* différens tons, nous pouvons, outre la première position de l'accord, l'employer dans trois renversemens; ces renversemens sont les mêmes pour tous les quatre accords de septième.

Prenons comme exemple l'accord dominant d'ut majeur. Les renverse-mens se forment de nouveau, comme aux accords parfaits, en haussant d'une octave le ton le plus bas. Dans les renversemens la note fondamentale reste aussi toujours la même. Ce sera donc *sol* qui sera note fondamentale dans l'exemple qui suit.

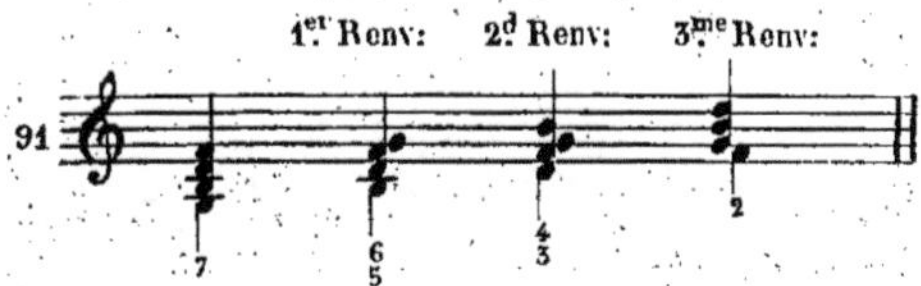

Les accords se nomment d'après les chiffres placés en dessous. L'accord dans sa première position, marqué d'un 7, s'appelle *accord de septième;* le premier renversement 6 *accord de quinte et sixte;* le second renversement 4 *accord de tierce et quarte* et le troisième, 2, est nommé *accord de seconde*) .

Si l'on veut chercher la note fondamentale à chaque renversement, elle se trouve à l'accord de 6 à *une* tierce plus bas, à l'accord de 4 à la distance de *deux* tierces et à l'accord de la seconde elle est à 3 tierces plus bas.

Nous ferons suivre également les renversemens de l'accord de septième, No 2 de la gamme d'ut majeur, nous parlons de *la mineur* avec la septième *mineure.* *La* est toujours le ton fondamental et le nom des accords, ainsi que les chiffres par lesquels on les désigne, restent invariablement les mêmes.

L'élève devra composer elle même les renversemens du No 3.

Comme on emploie plus rarement l'accord de septième avec la septième *majeure,* (No 4) nous nous bornerons à bien connaître les trois premiers.

Question à poser: Comment compose-t-on les trois premiers accords de septième et les renversemens de chacun de ces accords, dans la gamme de *re majeur?* (et faire le même travail pour les gammes de la majeur, fa majeur et si bémol majeur.)

---

*) Ici de nouveau, comme à l'accord de sixte, tous les intervalles ne se marquent pas par des chiffres, car on devrait les indiquer comme il suit:

7 6 6 6
6 5 5 4
3 3 4 2

Le passage suivant est basé sur des accords de septième et sur leurs
renversemens. L'élève devra reproduire chacun de ces renversemens dans la
première position en tierces, et indiquera le ton fondamental en se guidant
d'après les chiffres placés audessous.

Si nous parlons ici d'une règle de composition, concernant la septième,
ce n'est que pour donner un léger aperçu, afin que dans le cas où l'on ait à fix-
er la succession d'accords dans un prélude, on voudrait employer l'accord de 7ème.

On appelle la septième une *dissonance*; la tierce et la quinte sont des *con-
sonnances*; c'est pourquoi l'accord de septième est un accord *dissonant* et
l'accord parfait un *consonnant*. Comme dissonance la septième doit se *résoudre* sur une consonnance, c. à. d. que relativement à l'accord qui suit, elle
doit descendre d'un ton ou d'un demi-ton. Il faut dans les renversemens faire
attention à la partie qu'occupe la 7ème, afin que ce soit là, qu'on opère sa résolut?

Dans l'exemple suivant la résolution a lieu d'abord dans la partie supérieure, puis dans la seconde; à l'accord de 4/3 elle se fait dans la troisième partie et
elle s'opère dans la basse à l'accord de seconde.

Si la résolutin a lieu en ut mineur, la septième descend d'un ton, p. ex:

Il serait utile de faire ces deux exemples, avec la résolution de la septième dans tous les renversemens tant majeurs, que mineurs, sur la dominante d'autres tons. Il va sans dire, que dans tous les autres accords de septième la septième doit être résolue. On trouve dans l'exemple suivant tous les quatre différens accords de septième, chacun avec la résolution nécessaire. Le ton fondamental se trouve doublé toutes les fois.

Plusieurs accords de septième se succédant l'un après l'autre s'appellent *une marche de septièmes*, p. ex:

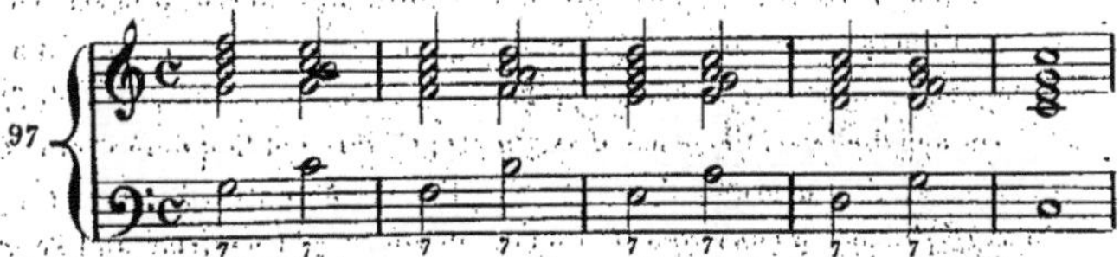

Voici la même marche de septièmes en accords brisés, avec la différence, que le *second* accord paraît dans chaque mesure à son second renversement ($\frac{4}{3}$).

Quel que soit le renversement que l'on fasse subir à l'accord, l'œil doit être assez exercé pour pouvoir le reconnaître. Ce coup d'œil est d'autant plus nécessaire lorsque les accords, que l'on écrit quelquefois dans un mouvement rapide, se succèdent à une grande distance les uns des autres, comme par exemple dans ce cas:

Application des accords de septième et leurs renversemens dans l'exécution des préludes.

Par l'emploi des accords de septième l'harmonie devient plus parfaite et la marche des parties, surtout celle de la basse, peut devenir infiniment plus mélodieuse par l'emploi des renversemens de ces accords.

L'exemple suivant en est la preuve. Les tons fondamentaux sont partout dans la basse:

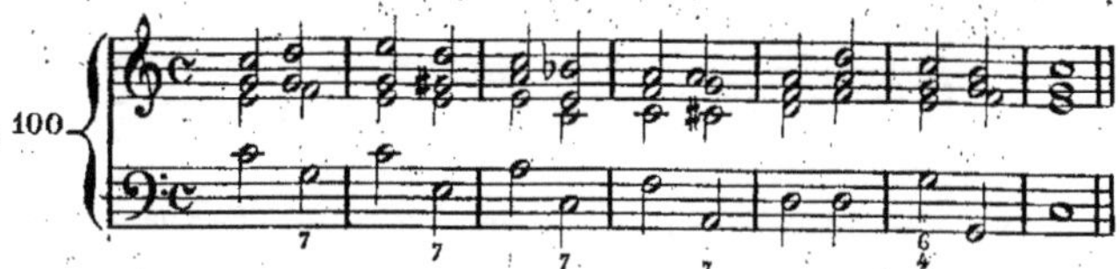

ce qui n'est pas incorrect; mais sous le rapport mélodique la basse gagne par l'emploi des renversemens, comme le prouve l'exemple suivant. (Il faut comparer cette basse, à laquelle on a fait subir un changement, avec celle de l'exemple précédent.)

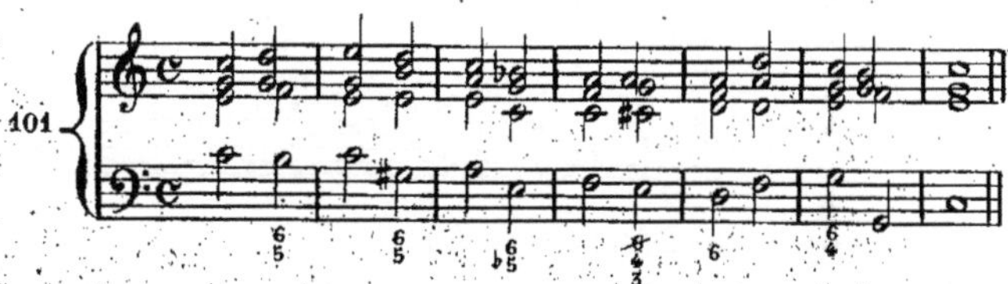

Voici le même exemple avec d'autres renversemens:

Si l'on veut que les exemples, que nous donnons comme modèle dans l'emploi des accords de septième, soient de quelque utilité, c'est-a-dire que l'on soit en état de composer tout seul un petit prélude dans le ton qu'on voudra choisir, il faudra s'exercer à transposer ces exemples en d'autres tons. Pour en faciliter l'exécution nous allons donner un exemple qui puisse indiquer de quelle manière il faut s'y prendre. Cet exercice pourra se faire au piano en présence du maître.

Si l'on doit, par exemple, transposer le petit prélude suivant en si bémol majeur.

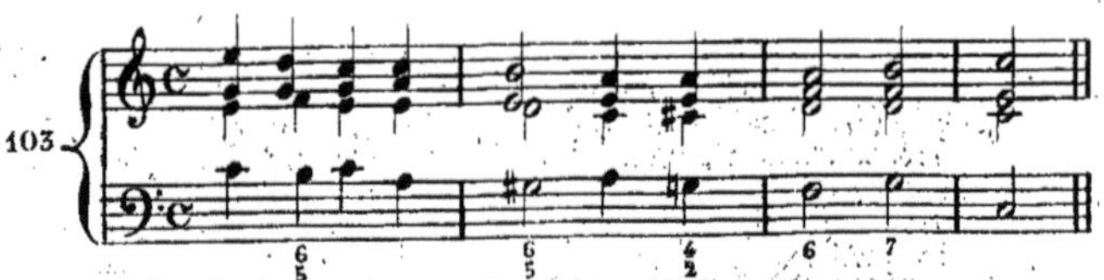

il faut d'abord bien connaître la marche de la basse fondamentale qui procède de cette manière

On transpose en imagination cette marche de la basse en si bémol majeur,
comme dans cet exemple:

et l'on emploie les mêmes renversemens.

On peut transposer de cette manière les petits préludes suivans, écrits en *ut
majeur*, en *ré majeur, si bémol majeur, la majeur* et *sol majeur*.

Remarque. Ce prélude, ainsi que ceux qui suivent, peuvent à
volonté s'exécuter de différentes manières en accords brisés, comme
p:ex: aux No 1, 2, 3. Après avoir donné les mesures qui commencent ce prélude, c'est à l'élève à l'achever.

On peut supposer que ce prélude Nº 107 soit écrit en noires, comme par ex:

Continuation des préludes:

On peut transposer ce prélude en *la bémol majeur*, ainsi que le changement en accords brisés.

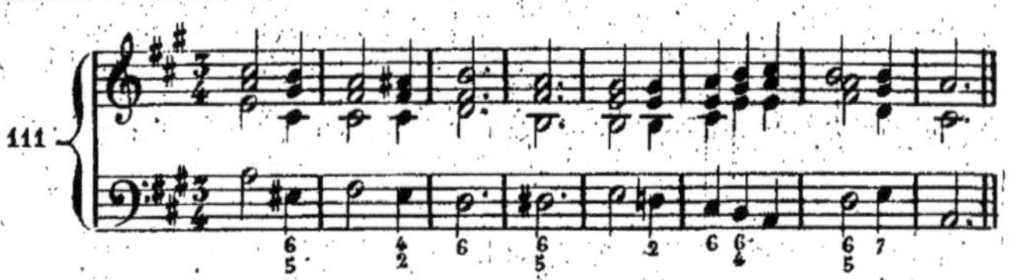

Le même exercice en accords brisés :

Les préludes suivans écrits en la mineur, peuvent se transposer en *si mineur*, *sol mineur* et *fa mineur*

On transpose celui-ci en *fa dièse mineur* et *ré mineur*:

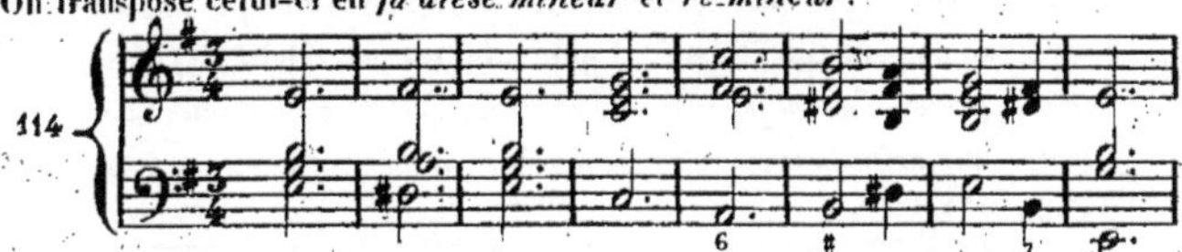

Le même exemple en accords brisés:

*) Et cet accord peut avoir lieu.

Quelles règles a-t-on à observer si l'on fait usage d'un prélude pour passer d'un ton à un autre (faire une modulation) ?

La principale règle consiste à préparer l'oreille par l'accord de la dominante du ton dans lequel on veut passer. Si l'on doit par ex: passer d'ut majeur en sol majeur, il ne peut s'opérer complètement que par l'accord de la dominante de sol majeur, c'est-à-dire par *ré, fa dièse, la, ut;* p. ex:

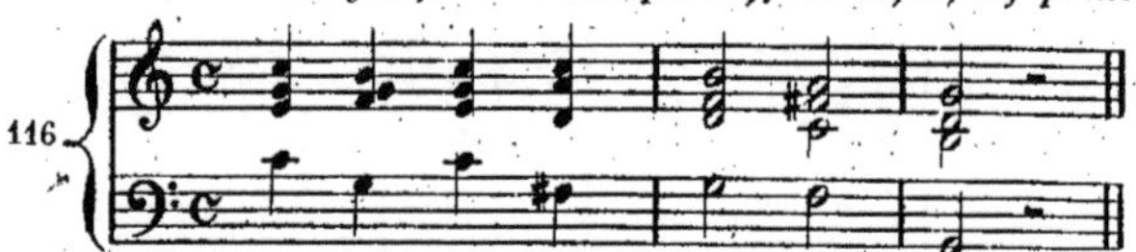

Dans l'exemple que nous venons de donner, le passage a été opéré à l'aide d'un seul accord intermédiaire. Ceci n'est pas suffisant lorsque la modulation doit avoir lieu dans un ton éloigné, et qui ne lui est pas relatif. Si l'on veut, par exemple, passer *d'ut majeur* en *sol mineur,* nous devrons y intercaler encore quelques autres accords préparatifs, semblables aux deux, que nous avons marqués d'une +*)

Dans une modulation *d'ut majeur* en *la mineur*, l'accord de la dominante de la mineur est suffisant.

*) Comme la modulation a lieu en sol mineur, il faudrait pour les accords intermédiaires choisir des tons qui puissent préparer l'oreille au ton de *si* bemol. C'est pourquoi l'on a dès le commencement fait usage de *fa* majeur avec la septième, parceque la résolution de l'accord a lieu en si bémol majeur.

On peut comme exercice transposer ces trois modulations encore en d'autres tons; p. ex: N.º 116. *de sol majeur* en *ré majeur*; puis N.º 117. *de sol majeur* en *ré mineur* et N.º 118. de nouveau passer de *sol majeur* à *mi mineur*.

On peut aussi au lieu de commencer par sol majeur, prendre ré majeur, si bémol majeur ou la majeur pour premier ton et exécuter les mêmes modulations.

Dans les exemples de modulations qui vont suivre, le maître devra décider dans quels tons on doit les transposer; car on doit absolument continuer cet exercice, afin d'apprendre à passer d'un ton à un autre.

Les accords intermédiaires se trouvant de nouveau désignés par une +, on observera, que dans quelques modulations on en a besoin de plusieurs et que dans d'autres quelques uns sont suffisans. Nous n'avons p. ex: besoin que de deux accords intermédiaires pour passer d'ut majeur à la bémol majeur, au lieu qu'il en faut bien davantage pour opérer la modulation d'ut majeur à la majeur, parceque l'oreille doit s'habituer peu à peu aux tons de sol dièse et d'ut dièse.

Remarque. Cette modulation peut s'opérer plus promptement par l'accord de sixte augmentée.

D'ut majeur en ré majeur:

D'ut majeur en ut mineur:

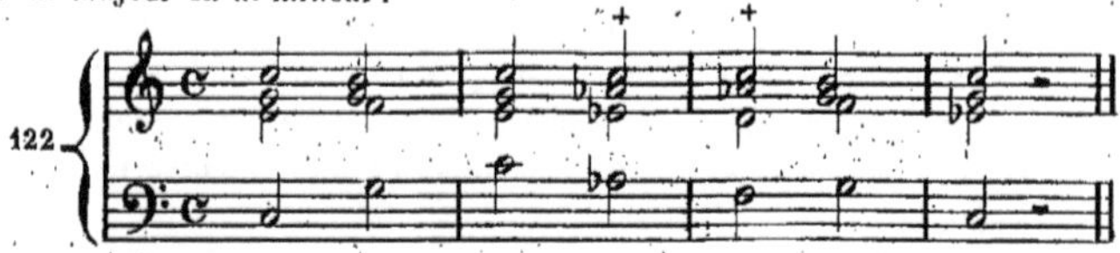

122

D'ut majeur en la bémol majeur:

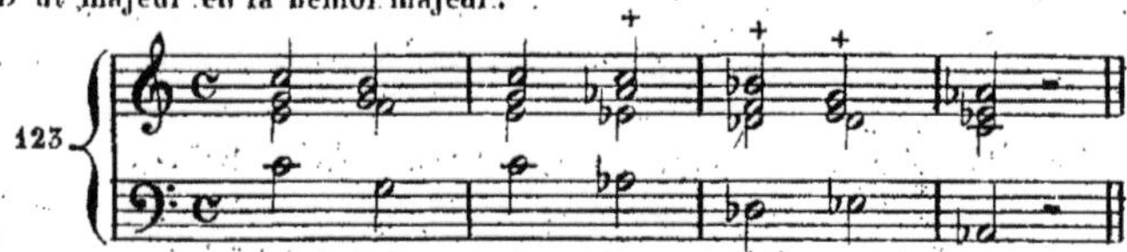

123

D'ut majeur en la majeur:

124

De l'accord de septième et neuvième.

L'accord de septième et neuvième est encore plus difficile à distinguer que l'accord de septième, parcequ'il se compose de *cinq* différents intervalles. Il se forme par l'Adjonction de la neuvième *majeure* ou *mineure* a l'accord dominant de septième, comme aux N? 1 et 2.

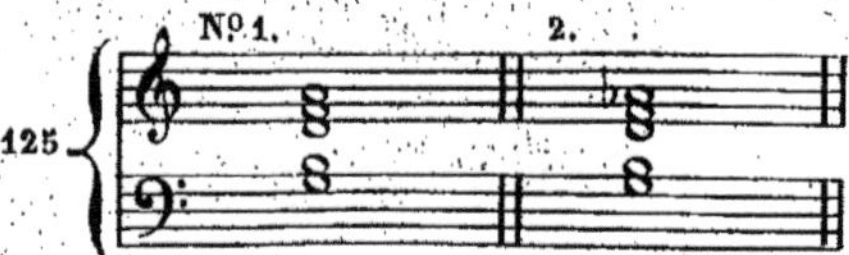

La neuvième est une dissonance ainsi que la septième, elle fait généralement sa résolution *en descendant*, comme dans ces deux exemples. (Le N? 2, peut néanmoins se résoudre en ut majeur.) Cet accord s'indique par des chiffres de la manière suivante: $\frac{9}{7}$

La neuvième se présente quelquefois *sans résolution*, comme le *la* et le *la bémol* dans la partie supérieure de l'exemple suivant :

Voici le même exemple avec neuvième majeure et mineure sur l'accord de septième dominant de sol majeur :

Le même accord sur l'accord dominant de septième en fa majeur :

Il est à remarquer que cet accord de septième et de neuvième (voyez le N.º 1), peut également paraître *sans* ton fondamental, comme il est indiqué au N.º 2 :

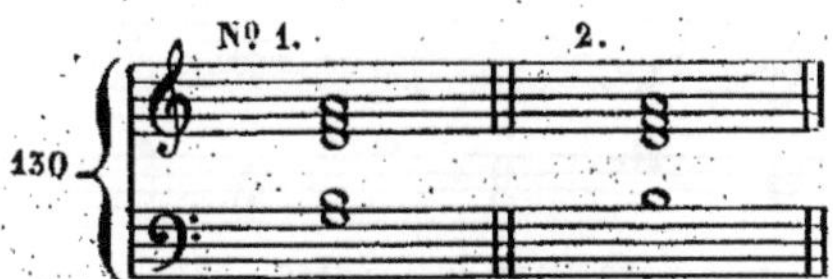

et se reproduire aussi dans ses renversemens, comme tout autre accord de septième.

Dans l'exemple suivant l'accord de septième et de neuvième se trouve tantôt accompagné du ton fondamental, tantôt *sans ce ton*, comme dans les renversemens du dernier exemple :

On emploie encore plus souvent l'accord de septième et de neuvième avec la neuvième *mineure* (voir plus bas le N°1) *sans* ton fondamental, comme on l'a fait au N°2. On a donné un nom particulier à cet accord, on l'appelle *accord de septième diminuée*. Il paraît dans tous les renversemens comme dans le N°3. Les chiffres pour les renversemens restent les mêmes, comme pour tous les autres accords de septième:

Comme cet accord paraît fort souvent, surtout dans les compositions é-crites pour le piano, il faut s'appliquer à le distinguer de suite, quelle que soit la dénomination des tons qui le composent, parcequ'on obtient par la une grande facilité pour déchiffrer la musique.

Ajoutons la neuvième *mineure* à plusieurs accords dominans de septième, comme dans l'exemple suivant au N°1; retranchons alors le ton fondamental comme au N°2 et joignons toutes les fois les renversemens de l'accord:

Voici différens exemples dans ce genre:

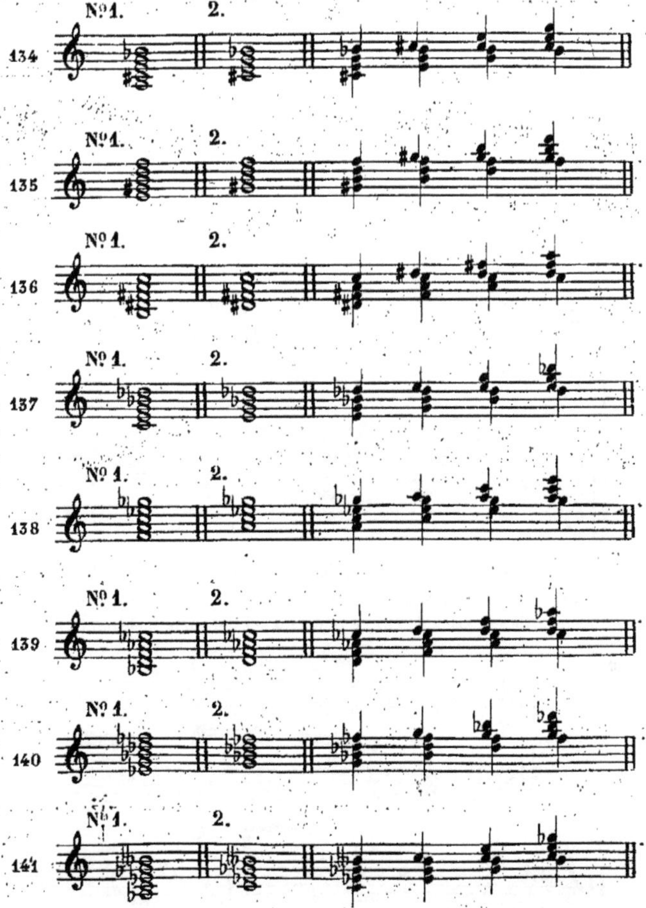

Le passage suivant (sauf la mesure de la fin) ne se compose que d'accords de septièmes diminuées:

L'élève devra indiquer les septième diminuées, contenues dans l'exemple suivant, et réunira en tierces mineures, placées les unes au-dessus des autres, chacun de ces accords qui se trouvent ici dans une position large:

De l'accord de sixte augmentée.

Cet accord peut également, à la lecture de la musique, présenter quelques difficultés, attendu qu'on y rencontre un intervalle peu usité, c. à. d. celui de la sixte *augmentée*. Il en résulte une harmonie étrange à l'oreille et aux yeux, laquelle ne peut plus devenir un obstacle à la lecture de la musique, lorsqu'on a appris à connaître cet accord et qu'on peut se rendre compte de son origine. La dénomination de l'accord vient involontairement à la pensée à son apparition; c'est ce qui donne de la facilité pour la lecture de la musique, les doigts exécutant bien plus vite de routine, ce que l'esprit comprend bien.

Cet accord se forme en baissant la quinte de l'accord dominant de septième. Ce changement ne peut s'opérer que sur le *second* renversement de l'accord.

Pour expliquer notre idée plus clairement nous indiquerons dans l'exemple suivant l'accord dominant dans sa *première* position et puis nous abaisserons la quinte d'un demi-ton sur le *second* renversement de l'accord. Nous ferons suivre également la résolution de l'accord.

Dans la troisième mesure, à l'accord marqué d'une +, le *ré* bémol et le *si* forment une sixte augmentée:

Voici d'autres exemples sur d'autres accords dominans:

Le même accord brisé. — *Question à poser:* Dans quelles mesures se
trouve l'accord de sixte augmentée?

On rencontre encore plus souvent cet accord avec un intervalle changé, c'est
à dire qu'on substitue la neuvième à l'octave du ton fondamental, comme dans
l'exemple suivant. Au lieu de sol au N.º 1. (l'octave du ton fondamental) on
peut placer la bémol (la neuvième) ainsi que nous l'avons marqué au N.º 2:

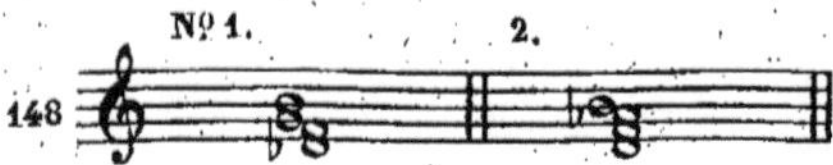

Ordinairement un accord de $\frac{6}{4}$ précède la résolution de cet accord et par sa médiation on peut opérer la résolution ou en mineur, comme au N.º 1, ou bien en majeur comme au N.º 2:

Voici quelques exemples en forme de prélude et qui serviront à bien faire connaître cet accord:

Après que l'élève aura pris connaissance de tous ces accords, lorsqu'elle saura comment on indique par des chiffres chaque accord et son renversement, il sera bon de lui faire jouer l'exercice suivant, qui lui sera très nécessaire, si elle se propose de jouer des accompagnemens d'après une basse chiffrée.

Nous avons déjà donné un exercice semblable lorsqu'il s'est agi des accords parfaits; on trouvera dans celui-ci les chiffres de l'accord de septième et de ses renversemens, ainsi que l'accord de septième et de neuvième; de plus celui de septième diminuée, qui dérive de ce dernier accord et l'accord de sixte augmentée.

Donnons pour faciliter le travail l'exécution préalable d'une basse chiffrée.

Nous avons expliqué précédemment que l'accord parfait se marque ou *sans* chiffre, ou bien par un 3; on le rencontre cependant quelquefois indiqué par un 5 ou par un $\frac{5}{3}$. De plus, lorsqu'on ne veut *pas* qu'un ou deux fons d'une basse chiffrée soient accompagnés on place un zéro audessus de la note. Lorsqu'on doit laisser plusieurs tons sans accompagnement, on l'indique par un t.s. (tasto solo). Ex:

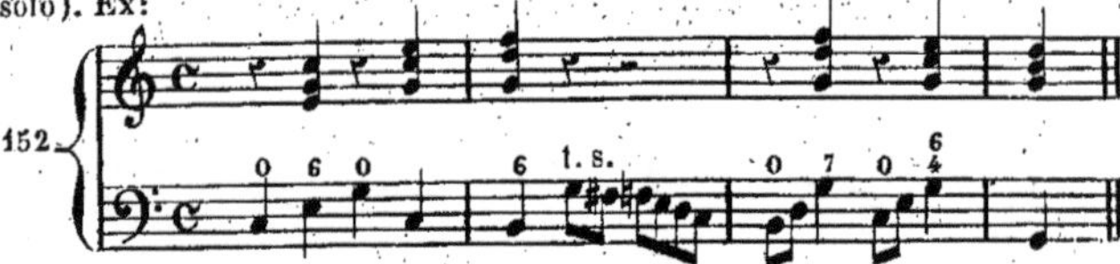

Voici l'exécution d'une basse chiffrée:

Exercice.

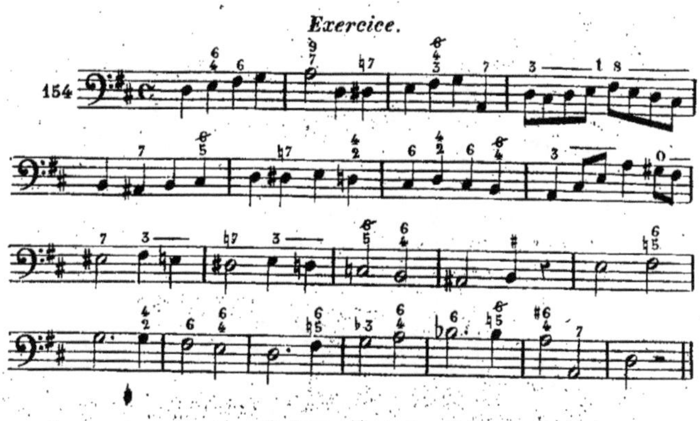

CHAPITRE V.

Des notes de passage.

Pour former une bonne mélodie ou un bon passage, il faut, du ton d'un accord à un autre ton faire usage de notes de passage, c'est à dire que l'on doit employer des tons qui n'appartiennent pas à l'harmonie fondamentale.

Les notes qui se trouvent par ex: marquées d'une +, sont des *notes de passage*, attendu qu'elles n'appartiennent pas à l'harmonie fondamentale d'ut majeur; l'ut, le mi, et le sol sont par contre *des tons essentiels de l'accord.*

Le nombre des notes de passage est encore bien plus grand dans la gamme chromatique:

On trouve également des notes de passage dans plusieurs parties a la fois:

Les notes de passage de l'exemple suivant de l'harmonie d'ut majeur, ne sont supportables à l'oreille que lorsqu'elles sont jouées dans un mouvement précipité:

On appelle un passage en dixièmes, lorsque des tierces se succèdent à un intervalle de dix tons. Ce passage est dans la même catégorie que le précédent (écrit en tierces); on y voit également des notes de passage dans deux parties:

Dès que des notes de passage se trouvent en même tems dans plus de deux parties, elles forment *des accords de passage*. On appelle une *marche de sixtes* la succession d'accords de sixte de l'exemple suivant:

On peut frapper les notes de passage simultanément avec les notes réelles de l'accord, comme dans l'exemple suivant les notes marquées d'une +:

Il n'arrive pas toujours que des notes de passage conduisent par degrés conjoints du ton d'un accord à un autre, ainsi que l'exige la règle et comme on peut le voir p:ex: dans une gamme. On les rencontre également dispersées et elles ne doivent dans ce cas s'éloigner que d'un degré ou d'un demi-degré ton de l'accord, auquel elles conduisent. Ces espèces de notes de passage s'appellent *notes de goût*. Nous les avons indiquées par un O à l'exemple qui suit:

Ces notes de goût peuvent être frappées simultanément avec les notes réelles de l'accord, attendu que l'oreille ne les considère que comme des tons accidentels qui doivent se résoudre sur un ton de l'accord, comme on le voit au N⁰ 1. Au N⁰ 2 il y a deux notes de goût et ce n'est que le troisième ton qui appartient à l'accord:

Ces notes de goût peuvent se placer avec l'accord en plusieurs parties en même tems, ce qui produit de nouveau des *accords de passage*. Dans l'exemple suivant les accords de passage font leur résolution sur l'accord parfait d'ut majeur:

Toutes les notes de passage de différentes espèces n'ont pas toujours le peu de durée qu'elles avaient dans les exemples précédens, c'est à dire la valeur d'une simple croche; on peut les prolonger indéfiniment.

Les notes de passage qui paraissent dans l'exemple qui suit dans deux parties en même tems et que nous marquons d'une +, ainsi que les notes de goût indiquées par un O,

se trouvent prolongées du double à l'exemple suivant; les deux premières notes de passage le *la* et l'*ut* remplissent même toute une mesure:

Il est pour une élève de chant de la plus grande utilité qu'elle connaisse ces notes de passage prolongées, attendu qu'on en fait souvent usage comme ornement dans les mélodies écrites pour le chant. Elles donnent à la mélodie un attrait particulier, lorsqu'elle n'en est pas surchargée.

Ces tons se trouvent en très grande dissonance relativement à l'harmonie fondamentale; on ne peut exécuter un morceau avec sureté et justesse qu'en se rendant compte de leur origine. Il faut à cet effet savoir quel est l'accord fondamental: alors l'œil et le sentiment musical distingueront à la lecture de la musique les notes accidentelles des tons réelles de l'accord.

Si la partie supérieure de l'exemple suivant doit s'exécuter pour le chant avec justesse et assurance, les notions préalables seront d'une grande utilité:

Des suspensions ou prolongations.

Si l'on opère un changement dans la marche d'une des quatre parties dans les deux accords (N.º 1.) qui se succèdent, et que l'on soutienne par exemple comme on le voit au N.º 2. le *ré* de la partie supérieure jusque dans la seconde mesure, on appelle ce ton prolongé (désigné d'une +) *une suspension.*

Comme on peut rencontrer de semblables suspensions dans une ou dans plusieures parties réunies, il en résulte de singuliers accords et des dissonances, dont on doit pouvoir, pour plus de facilité, se rendre compte à la lecture de la musique.

Dans l'exemple précédent la suspension a lieu au N? 2. à l'octave du ton fondamental *ut*. On peut de cette manière opérer une suspension a chaque intervalle d'un accord parfait. Aux exemples suivans la tierce (de l'accord parfait d'ut majeur) au N? 1, est suspendue dans la partie supérieure; au N? 2. le même intervalle est dans la partie intermédiaire et au N? 3. nous la trouvons dans la basse:

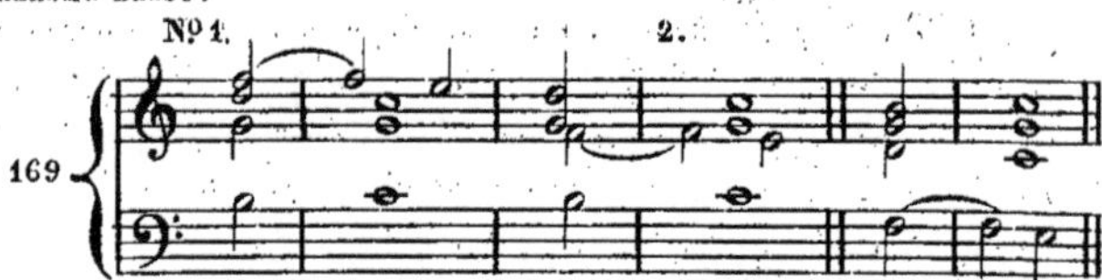

Dans cet exemple la *quinte* au N? 1, (nous parlons de nouveau de l'accord parfait d'ut majeur) est suspendue dans la partie supérieure; la suspension du même intervalle a lieu dans la seconde partie au N? 2:

Donnons quelques exemples de suspensions que l'on rencontre *en même tems dans différentes parties*. Au N? 1, l'octave et la tierce sont en suspension *en même tems*; au N? 2 elle a lieu à l'octave, la quinte et la tierce.

Dans les exemples précédens les tons de l'accord étaient en suspension par un ton placé à un degré ou à un demi-degré *plus haut*: c'est ce que l'on nomme la suspension *d'en haut*. On peut également opérer une suspension avec le ton placé le plus souvent à un demi-degré *audessous*, c'est ce qu'on appelle une suspension *d'en bas*.

Au Nº 1 l'octave (du ton fondamental) *d'en bas* et la tierce *d'en haut*
est suspendu en même tems. On peut même de cette manière produire *qua-*
tre suspensions au Nº 2:

L'élève devra, comme exercice, expliquer dans quelles mesures se trouvent des suspensions à l'exemple suivant, et *quels* sont les intervalles à partir
de l'accord fondamental, qui se trouvent en suspension *d'en haut* ou *d'en bas*.
Elle indiquera également les endroits *où* les suspensions ont lieu en plusieurs
parties et elle devra *aussitôt* les marquer d'une +

Employons le même exemple, afin de faire observer que l'on peut con-
server les suspensions dans les accords brisés:

L'élève devra donner les mêmés explications dans l'exemple suivant, relativement aux suspensions:

Voici le même exemple en accords brisés en conservant les suspensions:

Les **syncopes** ou les notes *syncopées* produisent presque le même effet que de courtes suspensions; nous expliquerons par l'exemple suivant qu'on ne peut cependant pas les considérer comme telles.

Si l'on veut, par exemple, syncoper les tons de la partie supérieure de cette petite phrase :

ceci s'opère par un petit changement. Il faut à cet effet faire frapper la noire de cette partie d'une croche *plus tard*, comme nous le faisons ici :

On emploie aussi les notes syncopées en *deux* ou en *trois* parties en même tems, comme au N°. 1 et 2.

Les syncopes sont par conséquent de *petits retards* des notes réelles, ainsi que des notes de passage.

De l'anticipation ou des notes anticipées.

L'anticipation est le contraire des notes syncopées.

On joue la note syncopée *après* l'accord auquel elle appartient L'anticipation est par contre une note réelle de l'accord suivant, note qui fait son apparition *avant* l'expiration de la première harmonie.

Sans ces connaissances préalables une élève de chant pourrait trouver singulier d'avoir à chanter un ton qui n'appartient pas à l'harmonie fondamentale, comme p. ex. les tons anticipés qui, dans la phrase suivante, se trouvent marqués d'une + :

La seconde note, le *ré* de la partie supérieure (avec une +) appartient à l'harmonie suivante de sol majeur; elle fait son apparition *avant* et nommément pendant la durée de l'accord d'ut majeur etc.

Ces anticipations ont lieu en *deux* parties et ici dans l'avant-dernière mesure même en *trois* parties en même tems :

La note anticipée paraît encore plus extraordinaire lorsqu'elle ne reste pas sur le *même* degré jusqu'à l'apparition de l'accord auquel elle appartient (comme nous l'avons vu dans les exemples précédens) et qu'elle saute sur un autre ton de l'harmonie qui suit, comme ici, où toutes les anticipations sont désignées par une +. Celles qui se trouvent marquées d'un O, restent sur le même degré qu'auparavant :

De la pédale.

On appelle *pédale* une note de la basse, prolongée dans plusieurs mesures et au dessus de laquelle se succèdent différentes harmonies, é- trangères à cette note. Il faut néanmoins poser comme règle, qu'elle doit être le ton fondamental de l'harmonie qui commence et de l'harmonie fi- nale, comme ici l'ut de la première et de la dernière mesure :

On remarquera dans cet exemple que la note de la basse n'appartient que momentanement à l'harmonie du dessus; que ce ton devient *accidentel* et tout à fait étranger à l'harmonie pendant plusieurs mesures. Dans ce cas il se nomme *pédale*, dénomination qu'il conserve tant que l'harmonie n'est pas retournée en ut majeur. Afin de pouvoir juger *combien de fois* la note de la basse n'appartient *pas* à l'harmonie de la partie supérieure nous avons désigné le *ton fondamental* de chaque accord par des let- tres, placées au dessus des notes.

Il n'est pas dit que la pédale doive absolument être une note soutenue Ce n'est ordinairement pas le cas dans la musique écrite pour le piano. La note de la basse placée comme pédale, et qui doit rester invariablement la même pendant le changement de l'harmonie, peut être de bien plus courte durée, comme par exemple la noire, et plus loin la simple croche de la basse de l'exemple suivant.

La pédale ne s'étend souvent que sur quelques mesures et même
sur une demi-mesure, de façon que l'harmonie étrangère à la note de
la basse retourne promptement à l'harmonie du commencement, comme p. ex:

.Nous nous servirons de rechef de la phrase précédente comme exercice ;
car si l'on veut que ces connaissances préalables soient de quelque utilité
et qu'elles facilitent la lecture de la musique, il est nécessaire d'acquérir
un prompt coup d'œil relativement au changement d'harmonie de la partie supérieure, afin que toute l'attention puisse se porter sur cette harmonie et que l'on ne considère la pédale, qui offre souvent une grande dissonance, que comme accessoire, non par rapport à l'éxecution mais simplement comme étrangère à la mélodie et à la marche de l'harmonie.

L'élève aura à répondre de la manière suivante aux questions que
lui adressera le maître par rapport au contenu de toute cette phrase.

Question: Dans lesquelles des quatre premières mesures la note de la basse est elle la pédale?

Réponse: Dans la *seconde* et la *troisième*, car sol
majeur est l'harmonie fondamentale des parties supérieures, a-
vec lesquelles l'ut n'a point de rapport. La note de la basse n'est
pas la pédale dans la première et dans la quatrième mesure, car
elle appartient à l'harmonie d'ut majeur.

Nous n'avons fait qu'indiquer comment l'on devait poser les questions
et quelles devaient être les reponses. Il faut encore remarquer avant que
l'élève donne les autres explications, que non seulement le ton *ut* peut
devenir pédale, mais que tout autre ton peut servir au même effet.

Des tons et des accords enharmoniques.

On appelle *enharmonique* la succession de deux tons, qui ont le
même son à l'oreille, vu qu'ils se jouent sur la même touche sur le piano.
Ils ne s'écrivent pas de la même manière et c'est pourquoi on leur a donné
une dénomination différente, comme dans les exemples suivans l'ut dièse
et le ré bémol etc.

Le N<u>o</u>. **4** se compose de deux *accords enharmoniques*.

.Le compositeur se sert de ces accords enharmoniques afin d'opérer une
prompte modulation dans un ton éloigné, comme dans l'exemple suivant
où l'on passe de ré bémol majeur à mi majeur par les deux accords enharmoniques marqués d'une   à la seconde mesure:

On appelle une modulation opérée par de semblables accords *une transition* ou *succession enharmonique*.

Une élève de chant doit nécessairement avoir une idée de ces notions
préalables, attendu que ces tons enharmoniques se trouvent également indiqués dans les parties de chant.

Si nous voulons faire exécuter la partie supérieure de l'exemple
suivant par une partie de chant, il faut observer que les deux tons enharmoniques de ré bémol et l'ut dièse de la quatrième et de la cinquième mesure, (marqués d'une +) doivent être soutenus avec *fermeté
à une égale hauteur*. La même remarque est également applicable au
sol dièse et au la bémol (désignés par une +) de la douzième et de la
treizième mesure:

Ces changemens enharmoniques sont très souvent employés, surtout dans des morceaux écrits pour le piano, afin d'en faciliter l'exécution. Il y a difficulté à lire la musique toutes les fois que la modulation passe dans des tons, qui demandent beaucoup de doubles dièses et doubles bémols

Voici un exemple *facile* qui servira à prouver, de quelle difficulté l'exécution peut devenir, lorsque des passages *difficiles* se trouvent écrits dans des tons peu usités :

Nous y voyons depuis la cinquième mesure des tons qui ne sont pas du tout usités, comme p. ex. fa bémol majeur — et plus tard ut bémol majeur ; nous voyons même à la septième mesure un accord parfait sur un double bémol.

On peut obvier de suite à cette difficulté par une transition enharmonique, en écrivant ce passage, à partir de la cinquième mesure en mi majeur, au lieu de fa bémol majeur et en ayant soin d'indiquer à la clef les accidens qui appartiennent à ce ton comme nous l'avons fait à l'exemple suivant. Ces dièses ne se conservent que tant que dure la difficulté, on reprend les autres accidens dès qu'elle cesse, comme on peut le voir à partir de la neuvième mesure.

Voilà pourquoi nous rencontrons quelquefois, dans la musique écrite pour le piano, des passages de quelques mesures dont les dièses et les bémols se trouvent marqués alternativement à la clef.

CHAPITRE. VI.

De la maniere d'executer correctement un morceau de musique.

On comprend de reste que ce chapître n'est pas écrit pour des élèves qui commencent à étudier le piano ou le chant; car pour pouvoir éxécuter un morceau de musique avec justesse et élégance, il faut être déjà parvenu à un certain degré de facilité mécanique et à une assurance qui ne s'acquiert que plus tard.

Quoique chaque pianiste ou élève de chant possède ordinairement, outre la facilité dans le mécanisme, le sentiment inné d'une bonne éxécution, les règles que nous allons donner dans ce chapître, lui seront néanmoins d'une grande utilité, attendu que dans les morceaux de musique d'une construction compliquée le sens qu'y donne le compositeur n'est pas si facile à comprendre. Dans ce cas le sentiment naturel n'est pas toujours suffisant; il est nécessaire de le soumettre à des règles et d'en donner l'explication.

Exécuter un morceau de musique avec correction, veut dire, le bien déclamer, le bien phraser, et en comprendre le sens intime. Il faut à cet effet que l'on puisse se rendre compte, d'après les règles qui vont suivre, de la construction de la pièce que l'on veut exécuter et connaître les petites parties, les phrases longues ou courtes dont elle est composée, afin de les séparer par le degré de force ou de douceur (le piano et le forte) nécessaire en leur donnant l'accentuation voulue, sans toutefois interrompre le cours de la phrase musicale.

Le phrasé musical a quelque analogie avec l'accentuation que nous observons dans un discours, car celui-ci deviendrait également incompréhensible sans l'application des différens accens.

Ce qui suit prouvera que l'on peut *enseigner et apprendre par des règles à exécuter avec justesse et précision*. Il nous faut à cet effet parler du

R h y t h m e .

On comprend par rhythme l'ordre symétrique des pensées musicales contenu dans un morceau de musique. Une pièce d'une grande étendue est composée de phrases plus ou moins grandes. On peut par ces petites divisions produire dans la mélodie les mêmes points de repos que l'on obtient dans le dialogue par la virgule, le point et virgule, les deux points et le point. Il est néanmoins à remarquer que l'on ne peut préciser dans un discours, quelle doit être la durée d'une phrase d'un accent à un autre et que par contre dans les phrases musicales le nombre des mesures d'un point de repos à un autre est presque déterminé.

Apprenons d'abord à connaître les règles qui nous enseignent à analyser une phrase musicale par rapport au rhythme. Qu'on ne considère pas comme inutiles et superflues les explications et les exemples que nous donnons et qui ont quelque analogie entr'eux, car nous démontrerons plus tard, que la connaissance des différens rhythmes est indispensable pour exécuter un morceau de musique tout-à-fait dans le sens qu'y attache le compositeur. Nous ne donnerons que *quelques* règles à la fois, afin de faciliter le travail à faire, règles, dont nous ferons de suite l'application pour parvenir au but que nous nous proposons.

Une mélodie ne devient compréhensible et ne produit un effet agréable que lorsque les idées se succèdent dans un ordre symétrique. La symétrie s'opère par la répétition d'idées qui se ressemblent et par des points de repos ou des cadences placées à des intervalles égaux.

Ces cadences se forment dans la mélodie par des divisions ou des rhythmes de 8 mesures, ou de 4 et de 4; de 3 et de 3; 2 et 2; 1, 1 et 2; et même de 5 et de 5 mesures. Tous ces doubles chiffres donnent de suite un aperçu exact des répétitions d'idées pareilles les unes aux autres dans la mélodie.

Le rhythme le plus facile à comprendre est celui de 8 mesures, ou de 4 et 4, employé communément dans la musique de la danse, dans les marches militaires etc., p. ex.:

Ces 8 mesures de deux rhythmes de 4 et 4 mesures forment une *période*. C'est ainsi qu'on appelle une phrase qui se termine par une cadence *parfaite*; (elle répond au *point* pour la valeur dans un discours.) On appelle une *demi*-cadence le petit point de repos ou la cadence plus faible qui suit après les premières 4 mesures. On peut la comparer à la *virgule*.

Ce qui prouve que c'est un rhythme de 4 et 4 mesures, c'est la répétition à peu près semblable des 4 premieres mesures. On appelle cette répétition: *le compagnon*.

Nous allons utiliser la même phrase précédente pour démontrer que ce qui distingue un rhythme de 8 mesures, c'est qu'après les 4 premières mesures il n'y a pas de point de repos et que ces 8 mesures expriment une idée qui ne se termine qu'à la fin de la période (au point) et que par là non seulement les quatre premières mesures ne sont pas répétées, mais qu'elles sont tout autres dans la melodie; p. ex:

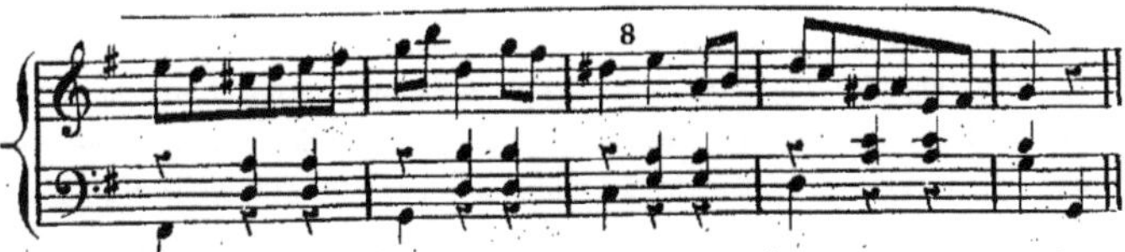

.(Nous indiquerons plus tard que tous ces rhythmes s'exécutent aussi d'u-
.ne manière différente.)

Opérons un autre changement avec cette phrase. L'exemple suivant est
divisé en rhythmes de 2 et 2 mesures, car après toutes les deux mesures il
y a un petit point de repos. Ces 8 mesures prises ensemble forment de nouveau une période, comme précédemment :

On trouve parfois dans la mélodie de petits points de repos encore plus
rapprochés. Dans l'exemple suivant :

Les divisions du rhythme sont d'1 et 1 mesure, de 2 et de 4 mesures.
La symétrie n'en souffre pas néanmoins, car nous n'avons qu'à joindre les

mesures 1 et 1 pour former de nouveau les divisions de 2 et 2 et de 4 mesures.

Pour prouver que notre sentiment exige cet ordre symétrique, nous allons donner ici un petit exemple du contraire, c'est-à-dire que nous choisirons une mélodie ayant un *faux* rhythme ou plutôt n'ayant point de rhythme du tout. L'irrégularité est de suite visible par le nombre suivant de mesures: 2, 4, 1, 2, 4, 1. Une mélodie qui contient un rhythme aussi inégal est tout-a-fait incompréhensible. Si nous apprenons plus tard à connaitre les déviations d'un rhythme correct, on verra que ces irrégularités existent plus pour le coup d'œil, que véritablement pour notre sentiment musical:

Afin qu'on puisse se persuader de l'avantage que l'on possède par la connaissance du rhythme à l'exécution ou à la déclamation d'un morceau de musique, nous allons utiliser, afin de parvenir à notre but, les rhythmes d'une égale quantité de mesures.

Nous ne pouvons diriger l'attention que sur les règles principales et ne les expliquer que par des exemples très courts, l'étendue de ce petit ouvrage ne nous permettant pas d'y intercaler des morceaux plus étendus. Il est néanmoins probable que ces quelques exemples seront suffisans pour donner une juste idée du sujet que nous traitons, à de bonnes élèves de piano, qui généralement possèdent un sentiment musical assez développé.

Afin de donner un léger aperçu de l'exécution correcte d'un morceau de musique, nous dirigerons l'attention sur un point principal, nous voulons parler du changement du forte, p., cres. &. Que l'on ne considère pas les gradations du forte au piano comme une indication *volontaire* ou *accidentelle* de l'auteur, mais bien comme *une condition* pour la plupart du tems, *d'une absolue nécessité*, car ce n'est que par ces nuances et par l'accent donné à quelques notes séparées que l'on parvient à faire sentir à l'auditeur l'ordre du rhythme qui se trouve dans les petites et dans les grandes périodes ou phrases et qu'il peut comprendre le sens intime de la pièce entière.

D'où il résulte que le compositeur a déjà indiqué comment doit être exécuté le morceau de musique et que si l'exécutant observe rigoureusement des différentes nuances, il jouera la pièce dans le sens donné par l'auteur.

On trouvera dans l'exemple suivant un rhythme très facile à comprendre, il contient deux périodes de 8 mesures chacune. La première période est composée de deux rhythmes de 4 mesures. Comme les deux premières mesures de la *seconde* se ressemblent tout-a-fait, le partage du rhythme sera 1,1 — 2 et 4 :

Si l'on observe rigoureusement les nuances de p., cres. et f. en exécutant cette mélodie, les différens rhythmes deviennent sensibles et elle obtient l'expression voulue. L'accent *fz* de la seconde période à la première note de la partie supérieure, doit p. ex: être *également fort* dans les deux premières mesures, parcequ'on indique par là distinctement le rhythme de 1 et 1 mesure. Il faut remarquer relativement au crescendo, indiqué à l'exemple précédent par un ⬿, qu'il n'est parfaitement complet que lorsqu'on *augmente le mouvement en vitesse* en même tems que l'on joue les notes plus fort et que, dès que l'on diminue le degré de force, *le mouvement devient egalement plus lent*. On comprend du reste que cette augmentation ou cette diminution de vîtesse ne doit avoir qu'un degré assez faible pour ne point occasionner un véritable changement de mouvement. Ceci peut s'appliquer même pour les morceaux écrits avec accompagnement; l'exécutant chargé de la partie du solo peut hasarder hardiment ce léger changement de mesure à chaque crescendo; le sentiment des exécutans leur prescrit du reste l'observation de cette règle. Il est évident qu'aucun morceau de musique — excepté les danses et les marches militaires — ne peut être exécuté d'un bout à l'autre d'après le métronome dans un mouvement égal, vu qu'on ne peut dans ce cas y donner la moindre expression. Le sentiment du compositeur ne lui permet pas sans cela, d'écrire tout un morceau de musique dans un mouvement tout-à-fait égal, c'est pourquoi il désigne ce changement de mouvement par le p., cres., forté. On peut supposer presque à coup sûr qu'il désire que chaque endroit marqué d'un forté, soit exécuté avec plus de vivacité, que lorsqu'il indique des piano, et que, comme nous l'avons déjà dit, chaque crescendo soit joué graduellement plus vite. Il faut dans le changement de ces petits mouvemens être guidé par un sentiment juste, afin de ne pas dépasser les bornes voulues.

A l'exemple suivant 2 et 2 mesures appartiennent toujours ensemble, par la répétition de la même idée, c'est pourquoi il faut, en les exécutant, observer les memes nuances de ⬿⬾ *fz*, p, pour toutes les deux:

Continuation du même exemple.

Les divisions du rhythme de cet exemple consistent en **1, 1 et 2** et en une répétition tout-à-fait semblable. Le rhythme devient sensible par les accents indiqués. Un rhythme de 8 mesures, s'il doit être compris comme tel, exige une exécution différente.

L'exemple suivant est composé de deux périodes de 8 mesures chacune. Les 4 premières mesures ne doivent être relevées par aucune nuance, car ce n'est que par le signe ⎯⎯⎯⎯⎯ que l'on prépare la fin de la période et ce n'est que par là que le rhythme de 8 mesures devient compréhensible. — Cette remarque a également rapport à la seconde période:

Afin de pouvoir comprendre quelques explications que nous allons donner relativement à d'autres rhythmes d'une autre espèce, nous devons préalablement expliquer ce que l'on comprend par cadence *parfaite, imparfaite, rompue* et *interrompue*.

Il faut pour chaque cadence, qui va suivre, supposer une période d'au moins 8 mesures, période à laquelle ces cadences doivent servir de cadence finale:

La cadence N⁰ 1 en ut majeur, produite par la dominante et la tonique est *parfaite*, parceque dans les deux accords le ton fondamental se trouve à la basse, et parcequ'à l'accord final l'octave de la basse fondamentale est doublée dans la partie supérieure. Pour rendre cette cadence encore plus satisfaisante, on fait précéder quelques accords préparatifs à l'accord de la dominante, comme on l'a fait aux N⁰ 2 et 3. Le N⁰ 4 est une cadence *parfaite* en la mineur.

On trouve qu'une cadence est *imparfaite*, lorsqu'à la partie supérieure il y a une tierce ou une quinte dans le dernier accord, aulieu de l'octave de la basse fondamentale, comme ici, p. ex:

Une explication plus étendue à ce sujet n'entre pas dans le but, que nous nous proposons en écrivant cet ouvrage.

Une cadence *rompue* se forme lorsqu'une harmonie étrangère et inattendue prend la place de la tonique, ce qui retarde la cadence parfaite de quelques mesures. Tous les accords marqués d'une + des trois premiers exemples suivans sont des cadences *rompues*, car la cadence *parfaite* ne s'opère qu'à la fin de la phrase. On appelle une cadence *interrompue* la succession d'harmonie du quatrième exemple, désigné par une + :

Ces notions préalables sont nécessaires pour bien phraser, attendu que ces cadences font naître des rhythmes, pour lesquels il n'est pas nécessaire, comme nous l'avons vu précédemment, qu'une *égale* quantité de mesures se succèdent; rhythmes, qui ne peuvent être compris des auditeurs qu'en y donnant un certain accent.

L'exemple suivant de 10 mesures (première partie) ne forme, à proprement parler, qu'un rhythme de 8 mesures — qui se trouve augmenté de 2 mesures par la cadence *imparfaite* de la 8.ème mesure, marquée d'une + . La cadence est *imparfaite*, parcequ'on a placé la tierce, aulieu de l'octave, de la basse fondamentale dans la partie supérieure; notre sentiment musical exige après cette cadence imparfaite une cadence *parfaite*, comme nous la voyons p: ex: ici dans la 10.ème mesure en ut majeur — accord dominant du ton principal:

Dans l'exemple qui suit une prolongation semblable a lieu à la 8.ème mesure par la cadence *rompue*:

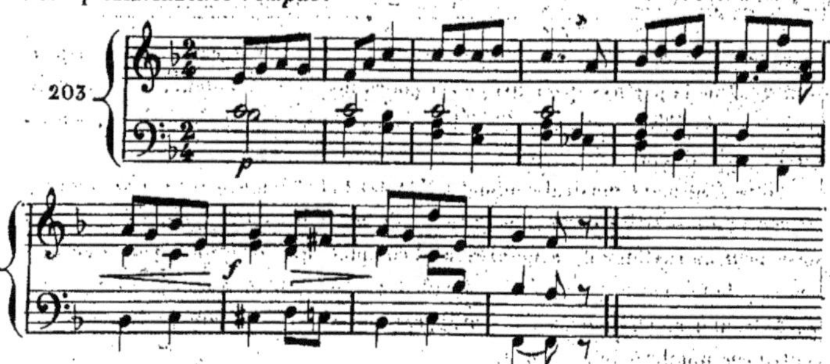

Il faut en l'exécutant faire ressortir la cadence *imparfaite* par un accent renforcé et la 9.ème et la 10.ème mesures doivent, pour ainsi dire, être l'écho de la 7.ème et de la 8.ème et se jouer très faiblement.

Afin de se persuader qu'un semblable rhythme n'est compréhensible que par l'accent qu'on lui donne, on doit essayer d'exécuter ces deux rhythmes de 10 mesures chacun *également* fort ou faible de la première a la dernière mesure.

Le petit exemple suivant pourra donner une idée de la manière d'étendre en 5 mesures un rhythme écrit en 4, soit en l'allongeant ou par la répétition à peu près semblable d'une des mesures:

La cadence de la 4ème mesure se prolonge jusqu'à la 5ème mesure par la suspension *d'ut* de la partie supérieure; c'est pourquoi, en l'exécutant, l'accent doit tomber sur la 4ème mesure et la 5ème doit, en diminuant beaucoup de force, se trouver liée à celle-là.

Notre sentiment musical confond la 7ème et la 8ème mesures en *une seule*, puisqu'il y a répétition de la même idée. L'illusion, qui nous fait prendre ces 5 mesures pour un rhythme de 4 mesures, n'est complète que lorsqu'on répète avec une force égale les accens indiqués. —— Ce n'est que de cette manière qu'il est possible de former un rhythme de 5 mesures, car notre sentiment musical se révolte contre ces nombres indivisibles.

Le rhythme de 3 mesures est une exception à la règle; on ne le trouve jamais seul, il est au contraire suivi ordinairement d'un second rhythme; par conséquent d'un rhythme de 3 et 3 (souvent encore ce nombre est multiplié c. a. d. 3, 3 — 3, 3). Ces deux rhythmes se présentent fréquemment entremêlés de rhythmes de 2 et 4 mesures, ce qui fait naître une difficulté à l'exécution, attendu qu'il faut savoir bien séparer les uns des autres ces différens rhythmes, si l'on veut rendre compréhensible un morceau de musique contenant de semblables divisions.

Voici un exemple composé des rhythmes suivans: 3, 3 — 2, 2, 4, — 3, 3 — ou $\{\frac{4}{1}, 1, 1, 1 - 4, 4:$

Explication de la manière d'accentuer correctement cet exemple.

(Nous l'avons choisi aussi simple que possible et il doit servir à démontrer de quelle manière on analyse et on doit exécuter un morceau de musique, lorsqu'il est composé de différens rhythmes.)

Les deux rhythmes 3, 3 peuvent se jouer également fort, car par la répétition de la mélodie à peu près semblable le rhythme de 3 mesures devient compréhensible et n'a, par conséquent, pas besoin d'accent particulier;

Pour faire ressortir les rhythmes 2 et 2, il faut que l'accent tombe sur la blanche de la partie supérieure dans l'un et l'autre rhythme et qu'on la fasse sentir d'une manière égale.

Les **4** mesures suivantes, devant terminer la période tranquillement, ne doivent point être ressorties.

Les rhythmes **3** et **3**, qui suivent, répondent au commencement, on les exécute par conséquent avec la même force.

A **1, 1, 1, 1**, (ou bien **4**) il faut dans chaque mesure observer strictement l'accent.

Après les **4** mesures, qui suivent on s'attend à trouver une cadence *parfaite* à la tonique; celle-ci étant retardée par une cadence *interrompue*, c'est précisément celle-ci qui doit être fortement indiquée.

On rencontre parfois des divisions de **3** mesures qu'il ne faut cependant pas confondre avec le rhythme de **3** mesures, vu que la **3**ème mesure n'est que la répétition de la **2**de; c'est ce qu'on appelle: *l'écho mélodique*, p. ex:

Il va sans dire que la **3**ème et la **6**ème mesures doivent comme écho se jouer faiblement, afin que toute la phrase ne soit compréhensible que comme période de 8 mesures.

De semblables mesures prolongées se trouvent souvent avoir une bien plus grande extension. Si l'on veut p. ex: obtenir plus de tranquillité entre deux périodes, on les lie par des *mesures ajoutées*. Ces passages n'ont pas besoin de divisions de rhythmes, le compositeur les prolonge à volonté comme ici à l'*a*. La mesure finale est également prolongée, comme au *b**).

**) Nous considérons ce petit exemple comme une phrase, tirée du milieu d'un morceau de musique plus étendu et qui est en même tems la finale.*

86
Allo modto
207

Dans ces passages ou dans ces mesures ajoutées, il est rare que l'on donne un accent particulier à quelques notes séparées. L'accentuation de ces passages consiste ordinairement dans l'augmentation ou la diminution de force et dans le mouvement plus ou moins précipité. Nous devons donc prendre comme règle principale en exécutant ces passages, qu'on ne doit les considérer simplement que comme des mesures ajoutées, ou phrases secondaires et les traiter avec peu d'importance, afin de pouvoir les distinguer facilement de la mélodie rhythmée.

Une élève de chant qui ne posséderait aucune notion des accords, pourrait être très facilement induite à donner une fausse execution a ces finales prolongées, dont nous venons de parler.

On rencontre fort souvent des airs qui se terminent par de longues périodes et d'autres fois des points d'orgue après lesquels l'élève de chant doit ajouter une cadence (c'est-à-dire une cadence prolongée.) Le compositeur désigne quelquefois ces cadences par de petites notes; quelquefois c'est l'élève qui doit les composer. On n'a besoin dans ce dernier cas que de la connaissance des accords, car la cadence ne doit se former *que sur l'harmonie fondamentale* et ne doit *moduler dans aucun autre ton*, vu que le dernier accord est encore présent à la mémoire de l'auditeur et que l'on attend souvent la resolution de ce même accord. Cette résolution ne peut pas avoir lieu dans la cadence et ne doit apparaître qu'à la première rentrée de l'accompagnement.

Supposons que le point d'orgue se trouve placé sur l'accord dominant de septième d'ut majeur, de façon qu'on soit dans l'attente de la résolution; le *sol*, le *si*, le *ré*, le *fa* et même la neuvième le *la*, sont les tons principaux, auxquels les notes de passage de la cadence doivent conduire, p. ex:

La cadence serait fausse, si pendant sa durée la résolution de l'accord de septième avait lieu, comme à l'exemple suivant:

Elle serait même contre notre sentiment musical si le *fa*, la septième, se trouvait gênée par l'apparition trop fréquente du *fa dièse*, p. ex:

La cadence s'opère souvent sur l'accord de $\frac{6}{4}$, après lequel une résolution est d'absolue nécessité, comme p. ex: dans cette cadence:

Si dans cet exemple il doit y avoir une cadence après le premier point d'orgue, on ne peut considérer que le *sol*, l'*ut* et le *mi*, et au second point d'orgue le *sol*, le *si*, le *ré* et le *fa* comme tons réels de l'accord. Une cadence devrait, par conséquent, se former à peu près de la manière suivante.

Il résulterait dans cette cadence la même erreur que précédemment, si la résolution de l'accord de $\frac{6}{4}$ avait lieu *avant* l'apparition de l'accord qui suit, comme on peut le voir par les notes, marquées d'une parenthèse à l'exemple suivant:

Comme à la formation de la cadence il faut prendre en considération non seulement l'accord fondamental, mais aussi celui qui va suivre, il est tout naturel que cette cadence soit toute autre, si la cadence a lieu dans un mode mineur; p.ex:

Les règles principales que nous avons données jusqu'à présent d'une exécution *bonne* et *correcte* sont néanmoins insuffisante pour exécuter un morceau avec *sentiment*; il y a, pour parvenir à ce but, beaucoup de nuances délicates à observer, qui ne peuvent être enseignées.

Relativement aux nuances à donner, l'élève de piano a bien des difficultés à vaincre, difficultés, qui proviennent de l'imperfection de l'instrument. Il est, par exemple, impossible de produire un beau legato, malgré toutes les peines que l'on puisse se donner; chaque ton soutenu devient imparfait; il est presque impossible de produire l'augmentation ou la diminution graduée d'un ton, ce qui rend une mélodie souvent si attrayante; il est tout aussi difficile de fondre, pour ainsi dire, un ton dans l'autre.

Toutes ces nuances peuvent atteindre le plus haut dégré de perfection par la voix humaine, en un mot: par le chant. Une pianiste qui désire obtenir une plus grande perfection, doit par conséquent chercher à imiter le chant autant que possible. Il faut pour cela qu'elle consacre quelque tems à l'étude de la musique vocale. Les avantages qui en résulteront seront très grands pour l'avenir. On ne peut pas mettre en doute que ce soit là le meilleur moyen d'éveiller le sentiment pour la musique et de mettre l'esprit à même de comprendre le sens de la mélodie.

Chaque mélodie sera exécutée avec plus d'expression, lorsqu'on se fera la supposition qu'on la *chantait*. Chaque note tenue obtiendra la valeur qui lui est propre, attendu que notre sentiment musical ne nous permet pas d'enlever auparavant le doigt de dessus la touche. On exprimera aussi chaque legato et staccato et en général chaque ornement; chaque nuance avec plus de perfection ou du moins avec autant de perfection qu'il est permis d'en attendre de l'instrument.

Il faut pour bien exécuter avoir égard au mouvement toutes les fois qu'on fera usage des ornemens; car la cadence et le grupetto doivent s'exécuter plus lentement dans l'adagio que dans l'allegro. Le forte n'est pas non plus aussi fort dans l'adagio que dans l'allegro et le piano s'exprime plus faiblement.

Il arrive souvent dans la musique moderne, écrite pour le piano, que l'on exécute un thème principal dans une des parties, pendant que l'accompagnement est écrit en passages et se joue au dessus ou au dessous de cette partie. Ce thème s'exécute tantôt de la main droite, tantôt de la gauche, ce qui le rend assez difficile à distinguer; il faudra donc nécessairement chercher à le découvrir afin de pouvoir diriger toute son attention sur cette mélodie principale, l'accentuer plus fortement et par rapport au rhythme la phraser correctement.

Voici un thème, qui

s'exécute alternativement de deux mains dans l'exemple suivant. Afin de le faire bien ressortir, le compositeur (Thalberg) l'a renforcé par l'octave. Il se distingue aussi en ce qu'il est joué legato pendant que l'accompagnement de la partie supérieure est staccato.

Il faut en outre pour la bonne exécution d'un morceau de musique, que l'on en comprenne bien l'esprit et le caractère. Les sentimens, que la pièce doit faire naître, se trouvent toutes les fois indiqués d'une manière assez distincte par le mouvement. Chaque changement de sentimens se trouve dans le courant de la pièce indiqué par les expressions techniques: con espressione, grazioso, scherzando, animato, vivace, con fuoco &.

Si, dans l'exécution d'un morceau de musique, l'on joint à un sentiment musical développé l'observation de toutes les nuances indiquées dans ce chapitre, on peut compter presqu'avec certitude, qu'à peu d'exceptions près, ce morceau est tout-à-fait exécuté dans le sens voulu du compositeur.

SUPPLÉMENT.

Explication de quelques termes techniques qui ont rapport aux différentes formes de la musique vocale et instrumentale.

Quoique ces explications n'appartiennent pas à notre sujet, nous sommes persuadés qu'elles seront accueillies favorablement surtout par les dames qui aiment particulièrement a s'occuper de cet art. Nous avons du moins remarqué que c'était ordinairement les véritables amateurs de musique qui nous adressaient souvent les questions suivantes: qu'entend-on par *fugue, canon, double contrepoint?* &.

Il est nécessaire pour rendre compréhensible en peut de mots beaucoup de ces explications, que l'on puisse citer des exemples qui ne se trouvent pas toujours sous la main. Nous profitons donc de cette occasion pour donner l'explication des termes techniques, dont les dames peuvent le plus souvent avoir entendu parler.

Les formes techniques les plus usitées, dont nous donnons un aperçu, prennent naissance par

Les imitations.

On *imite*, c'est-à-dire que l'on *répète* un court motif de 1 ou 2 mesures, lorsqu'il apparaît alternativement dans différentes parties, comme à l'exemple suivant :

La première mesure de la partie supérieure se trouve imitée dans la seconde partie à la 2de mesure. Cette imitation a lieu à la basse à la 3ème mesure. L'imitation à la seconde partie de la 4ème mesure est a peu près semblable à celle qui la précédée.

Le Canon

On appelle *canon* l'imitation non interrompue d'une mélodie. Liszt a p. ex. employé un petit canon dans une des mélodies de Schubert. Nous en donnons ici quelques mesures. L'accompagnement de la basse est omis. La *seconde* partie est imitée par la *première* à la seconde noire.

(Cet exemple n'est cependant pas un canon d'après la stricte observation des règles, celui-ci ne devant pas être interrompue par les silences de la partie supérieure.)

L'exemple donné est un canon à l'octave, vu que l'imitation a lieu dans cet intervalle. Nous avons aussi des canons à la seconde, la tierce, la quarte, la quinte &

Du contrepoint double.

Deux parties se trouvent écrites en *contrepoint double* lorsqu'on peut les renverser, c'est-à-dire, lorsque la partie supérieure peut devenir l'inférieure, et que celle ci peut prendre la place de la supérieure, sans qu'il en résulte une harmonie fausse ou imparfaite. Le compositeur doit observer certaines règles s'il veut éviter ces défauts.

L'exemple suivant, *a*, est composé en contrepoint double; il se trouve *renversé* à l'exemple *b*.

Si l'on peut renverser *trois* parties de façon que chacune peut devenir la plus basse (sans qu'il en résulte de faute contre l'harmonie), on les appelle un contre point *triple*; *quatre* parties qui subiront les mêmes conditions, s'appelleront: un contre point *quadruple*.

On comprend généralement par contrepoint *simple* l'enseignement de l'harmonie (de la composition) ou une composition à plusieurs parties.

De la Fugue.

Une fugue consiste le plus souvent en imitations d'un thême principal, ce qui forme ordinairement le contenu general de la fugue. Ces imitations de cette espèce de composition ne peuvent avoir lieu que d'après certaines règles. (Voyez plus bas.)

Voici le commencement d'une fugue à quatre parties. (Il y a egalement des fugues à deux et à trois parties.)

Explication. Première règle — On doit exécuter dans une seule partie et sans accompagnement le thême principal, qu'on appelle *motif* comme nous l'avons fait à la lettre *a*.

Seconde règle. — Ce motif doit être répété ou répondu par une autre partie, cette répétition doit avoir lieu nommément à la dominante du ton principal. Cette réponse s'appelle *le compagnon* (voyez la lettre c.) Pour obtenir quelque repos avant la rentrée du thême dans la 3ème partie, on intercale des *épisodes* (voyez la lettre d).

Troisième règle. — La troisième partie reprend le thême à la tonique, comme l'a fait la partie supérieure, mais a une octave plus bas. (Voyez la lettre e, le motif.) Nous trouvons pour cette partie un accompagnement ou *une réponse au sujet* de *deux* parties.

Quatrième règle. — La quatrième partie répète ou répond au motif de nouveau à la dominante. (Voyez la lettre f, le compagnon) et les trois parties supérieures forment l'*accompagnement* au sujet.

D'après ce commencement la règle veut que la continuation ait lieu de manière que le motif et les phrases intermediaires forment le contenu principal de la fugue. Le thème peut néanmoins se reproduire dans tous les tons relatifs du ton principal et peut être accompagné de différentes manières.

On appelle *style rigoureux* ce genre de composition, vu qu'on y rencontre beaucoup de règles de l'art, qui doivent être strictement observées. Ces règles ne sont pas prescrites dans les compositions en *style libre*.

L'oratorio.

C'est un morceau de musique d'une plus grande étendue, écrit pour l'orchestre, les parties de solo et chœur. Il est ordinairement basé sur un thème d'église, sur une version biblique, comme p.ex: *la Création* de Haydn. — Les oratorié ne s'exécutaient anciennement qu'à l'église dans des occasions solennelles. De nos jours on les joue ordinairement aux concerts, c'est pourquoi on a quelquefois choisi des motifs mondains, comme p.ex: *Les quatre saisons*.

De l'ouverture.

On appelle *ouverture* un morceau de musique écrit pour l'orchestre, qui sert d'introduction à toute exécution de grandes représentations musicales, surtout dans les opéras.

De la Partition.

Si l'on met en musique une composition de plusieurs parties, comme p: ex: la musique d'orchestre, de manière qu'une ligne de musique, (une partie) soit consacrée à chaque partie séparée et que l'on place ces différentes parties, mesure par mesure les unes au-dessus ou au-dessous des autres, il en résulte *une partition*. Pour écrire un morceau semblable, le compositeur doit *le mettre en partition*, car ce n'est que par le coup d'œil qu'il peut determiner l'effet que doit produire chaque partie. Pour celui qui dirige l'orchestre, la partition lui indique ce que chaque partie a à faire.

Chaque morceau de piano est écrit en partition, car souvent l'on trouve sur les deux lignes une composition de plusieurs parties. Une petite partition est déjà une composition pour une ou deux voix avec accompagnement de piano.

TABLE DES MATIERES.

Imp: BOUCHARD 18 rue S! Lazare.